978-8599993996

TEOSOFIA SIMPLIFICADA

IRVING COOPER

TEOSOFIA SIMPLIFICADA

TRADUÇÃO:
Heraldo Brêtas Vieira

EDITORA TEOSÓFICA

Título do Original em Inglês:
Theosophy Simplified

Edição em Inglês, 1915/Copyright, 1934
Quest Book, The Theosophical Publishing House
Wheaton, Illinois – U.S.A.

Edição em Português – 1994
Editora Teosófica

EDITORA TEOSÓFICA, Sociedade Civil
SGAS – Quadra 603 – Módulo 20
70200-630 – Brasília-DF, Brasil
Tel.: (061) 321-7843
Fax: (061) 226-3703

Capa: Fernando Lopes
Diagramação/Editoração: Marcelo Tutida
Revisão: Cristina Schumacher, Regina Vitória Ruzzante e
Zeneida Cereja da Silva

SUMÁRIO

PREFÁCIO À EDIÇÃO BRASILEIRA.................................7

INTRODUÇÃO...9

AS FONTES E NATUREZA DA TEOSOFIA.....................19

OS OUTROS MUNDOS..33

A AURA E A ALMA..43

O QUE OCORRE APÓS A MORTE.................................55

EVOLUÇÃO ATRAVÉS DA REENCARNAÇÃO.............67

O PROBLEMA DO DESTINO..81

A ESPLÊNDIDA META 93

BIBLIOGRAFIA INDICADA 121

ÍNDICE REMISSIVO 123

PREFÁCIO À EDIÇÃO BRASILEIRA

Esta obra é dirigida àqueles que estão iniciando seu estudo da filosofia esotérica, também chamada de Teosofia secundária. É uma introdução sobre o sentido da vida e da morte, a constituição do homem e suas possibilidades evolutivas, o destino e o livre-arbítrio etc.

Tal conjunto de idéias que resultam de um estudo comparativo de Filosofia, Ciência e Religião, de uma forma racional e não dogmática, constitui a Filosofia Esotérica ou, como o autor prefere denominar – Teosofia simplificada.

Seu enfoque é particularmente simples, claro e útil, tendo sido esta a preocupação principal do autor desde a sua primeira edição em 1915, que necessitou de atualização apenas em duas passagens científicas. Contudo, para um leitor mais exigente quanto à fundamentação científica contemporânea, sugeriríamos a leitura de *Sabedoria Antiga e Visão Moderna*, de Shirley Nicholson. Outra introdução à Filosofia esotérica também com caráter científico, porém mais didaticamente estruturada, com perguntas para estudo dirigido e sugestões bibliográficas com dificuldade progressiva, é o livro *A Tradição-Sabedoria*, de Ricardo Lindemann e Pedro Oliveira, que também sugerimos. Já o leitor mais tradicional preferirá os originais de H.P. Blavatsky como *Fundamentos da Filosofia Esotérica* e *A Chave para a Teosofia,* todos igualmente publicados por nossa Editora.

Nesse último livro, Blavatsky define Teosofia como "Sabedoria Divina... Sabedoria dos deuses... aquela possuída pelos deuses" (p. 15). Em seu sentido grego, os deuses são aqueles que conquistaram a imortalidade, tornando-se assim mais do que humanos.

A Teosofia primária ou propriamente dita, caracteriza, assim, um estado de consciência espiritual que transcende qualquer teoria criada pelo pensamento humano.

Vemos, desta forma, que o termo Teosofia admite pelo menos duas conotações. A secundária, que corresponde a um sistema de pensamento filosófico, e a primária, que depende de uma percepção interior.

A respeito de um tal estado integrado de consciência, Dr. Taimni considera: "A Sabedoria e Filosofia são nomes dos diferentes aspectos do mesmo estado de consciência no qual o indivíduo percebe o Todo. A percepção do Todo, no qual todas as coisas são vistas em sua correta perspectiva e verdadeira natureza, é Sabedoria. A atitude em relação ao Todo e suas diferentes partes, que resulta do apercebimento desta unidade e harmonioso relacionamento, é Amor. A reação na consciência, que é o produto conjunto deste apercebimento de unidade e totalidade de um lado, e a atitude de amor do outro lado, é felicidade, bem-aventurança ou *ananda*. Pode-se perceber, portanto, que Sabedoria, Amor e Felicidade são diferentes aspectos do mesmo estado de consciência divina". (*Glimpses into the Psychology of Yoga,* p. 308). Dessa forma, este livro, utilizando-se do conceito da filosofia esotérica, aponta na direção da verdadeira Teosofia, que é essencialmente vivencial e se trava numa relação harmônica com a vida dos seres na totalidade integrada da Natureza.

A Editora

INTRODUÇÃO

Talvez sua primeira idéia, ao ler um título como *Teosofia Simplificada,* seja a de que o texto esteja tão diluído, tão desvanecido que se tenha perdido inteiramente o real significado de "Teosofia". Mas, se você considerar que é preciso aprender aritmética antes de matemática superior, ou gramática básica e estrutura frasal antes de pretender escrever um livro, verá que não é necessariamente algo mau.

É lógico, e até mesmo recomendável, que se queira aprender um pouco, em geral, antes de se lançar num estudo profundo, acadêmico de um assunto. Era hábito de meu pai, quando eu era criança, pedir ao verdureiro que fizesse um pequeno corte na melancia antes de comprá-la. Com isso pretendia que o vendedor tomasse uma faca afiada e abrisse a fruta para ver se estava bem madura e vermelha no interior. Ninguém se negava a fazer o corte para a prova. Nós levávamos a melancia para casa e nos regalávamos – se ela tivesse passado pelo exame de meu pai. É assim também neste caso. Penso que, antes de você se engajar em um curso adiantado para estudar significados profundos, palavras sânscritas e suas possíveis traduções, implicações de determinadas afirmações pouco claras, não seria melhor conhecer as premissas básicas?

É geralmente aceito que Helena Petrovna Blavatsky, uma das principais fundadoras da Sociedade Teosófica, foi uma mulher extremamente brilhante, culta, uma dotada lingüista e uma clarividente de refinado desenvolvimento, capacitada a trabalhar sob a tutela dos Mestres. Só se poderia esperar que seus escritos evidenciassem a mais alta erudição, mas é também historicamente verdadeiro que, no início, trabalhos como *Ísis Sem Véu* e sua obra-prima, *A Doutrina Secreta*, foram dirigidos apenas à intelectualidade. Não havia planos de deixar vazar os antigos ensinamentos secretos para o vernáculo do homem comum ou de disseminá-los entre as massas.

Os primeiros periódicos publicados por teosofistas destinavam-se, em primeiro lugar, aos mais eruditos, a fim de torná-los interessados nestes estudos, sabidamente difíceis, promovendo um intercâmbio entre esses intelectuais à medida que se aprofundavam na Sabedoria Antiga. Mais difíceis ainda porque H.P.B. disse-lhes que nem *todos* os ensinamentos, nem *todas* as explicações poderiam ser divulgadas.

Imediatamente após a publicação de *A Doutrina Secreta*, estudantes e seguidores iniciaram diálogos entre si e com os fundadores no intuito de tentar penetrar o tremendo acervo de material esotérico nessa formidável obra. Não era tarefa fácil lê-la e estudá-la. Pode-se apenas parcialmente imaginar a compreensão e a inteligência necessárias para escrevê-la! H.P.B. nunca encobriu o fato de que sua obra era de difícil compreensão. Em *Lúcifer*, vol. VI, n. 34 (Londres, 15 de junho de 1890), ela responde a uma carta sobre essa questão, dizendo:

> "Se minha obra é, nestes dias de materialismo e iconoclastia universais, prematura para as massas profanas, pior para elas. Mas não será demasiado prematura para os estudantes diligentes de Teosofia exceto, talvez, para aqueles que esperassem que um tratado sobre as correspon-

dências – tão intrincadas quanto as que existem entre religiões e filosofias do passado quase esquecido e aquelas de hoje – pudesse ser tão simples quanto um livro de bolso vendido em rodoviárias.[1]

Mesmo a abordagem de um sistema filosófico de cada vez, seja o de Kant, de Herbert Spencer, de Spinoza ou Hartmann, requer mais que um estudo de diversos anos. Não parece razoável, portanto, que um trabalho que compare algumas dúzias de escolas filosóficas e mais de meia dúzia de religiões do mundo, um trabalho que tenha que desvelar raízes com as maiores precauções, já que pode apenas *insinuar* florescências secretas aqui e ali, possa ser compreendido em uma primeira leitura, nem mesmo após diversas, a não ser que o leitor elabore um sistema próprio para leitura?"

O exercício intelectual de rastrear as origens de um termo obscuro ou uma referência clássica era mais comum naqueles dias do que hoje. Atualmente, em sendo a educação mais amplamente acessível a um maior número de pessoas, consideramos que a atividade intelectual restringe-se mais à leitura de condensações ou estudos pré-dirigidos a partir dos quais se possa compor um relatório. Muitos dos hoje autoproclamados buscadores da Nova Era exigem que o seu "Caminho" seja pavimentado com toda a parafernália egoística do conforto moderno, "asfaltado, provido de ferrovias expressas e telégrafo[2], até mesmo telescópios, com os quais

1 No original em inglês: *a shilling "shocker" from a railway stall.* (N.E.)

2 Hoje diríamos "fax". (N.E.)

eles possam – enquanto se sentam confortavelmente – pesquisar o trabalho de outras pessoas; e, enquanto os criticam, procurar o mais fácil para poder brincar de ocultista e estudante amador de Teosofia". Esta declaração não foi escrita no *New Age Journal,* no *New Realities,* no *East West Journal* ou no *Alternatives,* mas por H.P.B. em 1890.

Ela prosseguiu dizendo que "a verdadeira Senda para o conhecimento esotérico é muito diferente. Sua entrada está obstruída pela erva daninha da negligência; as supostas verdades, por longo tempo, bloqueiam o Caminho, e ela é obscurecida pelo orgulhoso desdém da arrogância, cada verdade estando distorcida e totalmente fora de foco".

Um dos primeiros fatos que o estudante deve compreender é que os Ensinamentos da Sabedoria foram revelados através de inimagináveis milênios. Estes nos chegaram de raças pretéritas, de fragmentos encontrados nos escritos mais antigos de que se tem conhecimento, dos *Vedas* e de ensinamentos egípcios ancestrais, que nos mostram terem sido já arcaicos quando surgiram no Egito; das *Estâncias de Dzyan* e até mesmo de tradições orais antigas, passadas a estudantes e discípulos em eras anteriores – muito, muito anteriores ao início da história escrita da presente era. Conquanto isso possa ser de difícil compreensão para o não-iniciado, tente entender que todas estas variadas fontes concordam quanto aos ensinamentos básicos.

Uma ilustração para o fato seria uma brincadeira de criança que você talvez tenha vivenciado, na qual um grupo senta-se em círculo. O primeiro sussurra algo para o que se senta à sua esquerda, e ele, por sua vez , sussurra o que lhe foi dito para quem está à sua esquerda, e assim por diante até que o círculo se tenha completado. Todos explodem em risadas quando a última pessoa repete em voz alta as palavras como ela as ouviu e todos, então, ficam sabendo como era a frase original. Com um círculo de apenas dez ou doze pessoas, uma frase curta pode mudar de maneira irreconhecível.

Pense um momento por quantas incontáveis idades e por quantos incontáveis indivíduos passaram estes ensinamentos. O fato de que a Sabedoria oculta tenha sido preservada parece um milagre. Só que não existem milagres; há leis e fatos fundamentais que permanecem novos, imutáveis, básicos. Estes fatos chegaram até nós em muitas línguas, muitas cerimônias, muitos disfarces, mas as verdades subjacentes, uma vez desveladas de seus símbolos superficiais, estão lá – puras e sem máculas.

Um dos símbolos de uso mais familiar é o alfabeto. Cada letra possui um som individual, sua representação. Para compor uma palavra devemos conhecer os símbolos individuais, as letras. A partir das palavras, podemos formar frases que expressam idéias ou designam coisas. Para transpor o hiato entre nossas experiências e o metafísico necessitamos de simples analogias que podem ser facilmente compreendidas. Não nos interessa aprender qualquer fato que tenha de ser *modificado* no futuro, mas apenas aquilo que constituirá a mesma verdade básica, não importando como possa ser sua composição. Em *Sabedoria Antiga*, Annie Besant, uma importante instrutora teosofista, escreveu:

> "Um texto elementar não pode pretender passar todo o conhecimento que venha a ser obtido de trabalhos mais pro-

> fundos, mas ele deveria fornecer ao estudante idéias fundamentais e claras sobre o assunto, por certo com muito a acrescentar através de futuros estudos, mas com pouco a ser descartado."

É como tentar ler e compreender palavras sem antes aprender o alfabeto; você compreende que estes elementos básicos são essenciais. Você sabe que eles nunca terão de ser "descartados". Alfred Taylor, em seu *Commentaries and Analogies, Série I,* disse: "A abordagem esotérica às verdades espirituais é feita através de correspondências e analogias". O estudo básico de um assunto deve utilizar o próprio conhecimento simples que você tem, sobre o qual erigir-se-ão conceitos mais difíceis e explicações mais complexas.

Quais são estas idéias fundamentais? Annie Besant disse:

> "É admitido em toda parte que uma pesquisa das grandes religiões do mundo mostra que elas têm em comum diversos conceitos religiosos, éticos e filosóficos. Mas, enquanto o fato é universalmente conhecido, a explicação do fato é objeto de disputa."

Através do estudo da Sabedoria Antiga pode-se aprender sobre a ancestralidade comum a todas as grandes religiões do mundo, e esse aprendizado é capaz de promover a compreensão e o esforço consciente para favorecer nosso processo evolucionário. Trata-se de algo em que vale a pena aplicar nossa vontade e mente. Este primeiro passo – a decisão de estudar – é como tocar uma única nota em um piano; ouvimos seu som real e o aprendemos, e, passo a passo, aprendemos a tocar outras teclas simultaneamente para construir um lindo, harmônico, acorde. Mas também aprendemos que o todo é maior que suas partes. É assim também com o estudo de Teosofia.

A Sabedoria Oculta ou esotérica é subjacente à estrutura de religiões presentes e passadas, simplesmente porque constitui a *verdade*. Os fundadores da Sociedade Teosófica, H.P.B e o Cel. Henry Olcott, estavam visitando o *Maharaja* de Benares em dezembro de 1880, quando tomaram conhecimento do lema de sua família – *Não Existe Religião Superior à Verdade* – e, com a permissão do *Maharaja*, adotaram-no como lema da Sociedade. Olcott imediatamente começou a usá-lo na publicação de *O Teosofista*. A Verdade, em estudos exotéricos ou esotéricos, permanece o que é. O valor de um número, por exemplo, 8, permanece o mesmo, ainda que você o represente por A/Y numa equação algébrica. O valor de um fato – a verdade – permanece o mesmo, não importando como seja expresso, quais sejam as palavras utilizadas, não importando com que analogia seja descrito, não importando o símbolo através do qual nos seja apresentado. Meras palavras descritivas não podem transformá-lo.

Antes de se decidir fazer um curso sobre determinado assunto, deve-se ter alguma idéia do mesmo. O estudo do francês implica aprender a língua falada na França – simples. O estudo da semântica é o estudo do significado e derivação das palavras, mas ele pode enveredar por uma área como a semântica lógica ou geral e, surpreendentemente, a lógica envolve procedimentos matemáticos! A partir desta segunda ilustração, você logo pode perceber que não é sempre tão simples chegar à real abrangência de um estudo. Muitos desejam saber o que é Teosofia, e penso que um dos co-fundadores da ST, William Quan Judge, definiu-a com grande beleza:

> "Teosofia, significando conhecimento de Deus ou sobre Deus – não no sentido de um Deus pessoal, antropomórfico, mas no de "divina" Sabedoria – inclui tanto o conhecido quanto o desconhecido. Por conseqüência, "Teosofia" deve implicar Sabedoria com respeito ao Absoluto, e uma vez que o Absoluto é eterno e sem começo, então há também a implicação de que esta Sabedoria deva ter sempre existido".

O estudo de Teosofia, ou *Theo-sophia*, pode ser muito simplesmente delineado e tornado tão básico quanto uma lição para crianças de escola dominical: resta à mente treinada aprofundar-se em um estudo da teologia para tornar-se um pastor ou um padre. Assim é com qualquer matéria que se deseje estudar. Deve-se começar de algum ponto – de um ponto em que o entendimento se fundamente. À medida que se assimila mais, novos fatos podem ser absorvidos, cada parcela de informação funcionando como um tijolo a suportar a complicada estrutura de uma intrincada filosofia. Os blocos constituintes do estudo de Teosofia podem ser facilmente enunciados. "À medida que o entendimento se desenvolve, através de estudos cada vez mais aprofundados, o estudante torna-se capaz de desvendar a estrutura da informação inicial e vir a reconhecer o que poderíamos denominar "corpo de conhecimento". Novamente cito Judge, que escreveu em sua "*Epítome dos Ensinamentos Teosóficos*:

> "Havendo necessariamente diversos níveis entre os estudantes desta Religião-Sabedoria, é evidente que aqueles pertencentes aos níveis mais baixos são capazes de exprimir apenas o conhecimento inerente ao nível que atingiram e dependem, até certo ponto, da informação suplementar de estudantes que estejam em nível mais adiantado."

E existem ainda aqueles que devotaram toda uma vida a tal estudo apenas para, ao final, verem-se confundidos pela percepção do pouco que sabem.

É comum encontrar pessoas que, tendo sido apenas iniciadas nos ensinamentos, após alguns meses ou alguns poucos anos de estudo, declaram *conhecer* os ensinamentos. Aqueles que dedicaram suas mentes e corações para desvelar as ilusórias tramas que constituem o bordado que forma todo o desenho da imemorial Sabedoria sentem-se ineptos por saberem tão pouco de sua totalidade. Estes últimos encaram a simples realidade de que é o lento e contínuo avanço através de muitas encarnações que marca a passagem do discípulo. Eles tentam com afinco libertar-se dos tumultos da personalidade e esperam estar melhor preparados para a aceitação na próxima encarnação – ou ainda na seguinte.

Parafraseando, até a mais longa das jornadas começa com o primeiro passo. Neste caso, os primeiros passos são os princípios subjacentes ao estudo esotérico, os tijolos fundamentais com os quais se pode construir o mais alto dos edifícios. Mas sem esses blocos de base, que são as fundações, a estrutura é inútil. O projeto do Universo está alicerçado nas formas mais básicas; contudo com elas é elaborada a inimaginável glória que o constitui. Não se deve jamais desdenhar estas escoras principais; elas são o alicerce de tudo o que se segue.

Assim como a primeira bailarina, de maior renome, recomeça sempre, a cada dia, com os mais simples exercícios, também aqueles que se consideram adiantados dificilmente erram quando se reportam às verdades fundamentais subjacentes à Sabedoria profunda. Espera-se que a palavra "simples" não seja confundida com algo sem importância, mas sim que transmita o sentimento da ausência de afetações. Na obra *Man's Place in the Universe*, (1902) A.P. Sinnett diz:

> "A vastidão de extensão e complexidade nos detalhes, mesmo nos fragmentos que tivemos o privilégio de receber, constitui uma barreira ao informe absolutamente simples que um manual deve supostamente representar. As principais linhas gerais, que foram especialmente trazidas ao conhecimento do estudante ocidental, podem, na verdade, ser de tal forma resumidas que uma criança as compreenderia. Mas simplicidade e lucidez serão nosso objetivo, os mais transcendentes pináculos do pensamento terão de ser enfrentados desde o primeiro passo."

Aqui, portanto, são apresentadas as despojadas bases de Teosofia por Irving S. Cooper, que foi um excelente e conciso escritor destes fatos maravilhosos – o alfabeto da Sabedoria esotérica, com o qual todas as palavras são construídas.

1

AS FONTES E NATUREZA DA TEOSOFIA

Teosofia é, portanto, a Religião-Sabedoria arcaica, a doutrina esotérica outrora conhecida em todo país da Antiguidade que possuísse foros de civilização. Esta "Sabedoria" que mostram todos os escritos antigos é uma emanação do Princípio divino, o Nebo babilônico, o Thoth de Memphis, o Hermes, da Grécia; ... e finalmente os Vedas, do verbo "conhecer".

H.P. Blavatsky
A Modern Panarion

DUAS FONTES

Quando um sistema de pensamento pouco familiar apresenta-se para consideração, é sempre legítimo perguntar "Quais são as fontes de sua informação?" Nossa disposição em gastar tempo e despender a energia necessária para estudar tal sistema depende naturalmente da clareza e da razoabilidade da resposta. Assim, ao se apresentarem os ensinamentos de Teosofia, é lícito esperar uma declaração franca quanto às fontes do conhecimento teosófico.

Essas fontes são de dois tipos:

(1) Aquelas que são imediatamente acessíveis a qualquer pessoa ponderada com capacidade intelectual normal e

(2) Aquelas que somente podem ser alcançadas após treinamento e desenvolvimento do caráter, da mente e dos sentidos sutis.

Quem inicia o estudo de Teosofia pode levantar uma objeção ao segundo tipo, com base em que toda informação levantada dessa forma deve ser obtida – pelo menos durante algum tempo – por declarações de outros. Isso é com certeza verdadeiro; entretanto estamos acostumados a adotar constantemente esta atitude. De fato, a maior parte do conhecimento não pode ser verificado pelo indivíduo comum, não treinado, sendo aceita apenas mediante o testemunho de especialistas.

Por exemplo, lemos diversas afirmações sobre os átomos e nelas acreditamos; contudo, nenhum de nós, sem um longo treinamento científico, seria capaz de reproduzir as experiências através das quais se comprovaram tais conclusões. Aceitamos as conclusões de astrônomos quanto aos movimentos do Sol, da Lua, das estrelas, mesmo que tais conclusões contradigam as evidências dos nossos sentidos, porque temos fé naqueles que se especializaram em Astronomia. Os músicos falam-nos da soberba mestria técnica de Liszt, e acreditamos neles, conquanto nos fossem custar anos de penoso estudo e prática para que pudéssemos aferir isso por nós mesmos.

Não é desarrazoado, portanto, ao iniciar-se o estudo de Teosofia, aceitar como *possíveis* as afirmações de especialistas treinados em investigação teosófica. Posteriormente, caso se considere proveitoso, poderá ser realizado um esforço no sentido de verificarmos tais afirmações para nos convencermos da veracidade dos ensinamentos mais profundos de Teosofia. Seria evidentemente insensato aceitar uma afirmação como verdade apenas porque foi feita por outra pessoa, mas seria também disparatado negá-la até que efetivamente conhecêssemos os fatos. A melhor atitude é manter-se no caminho do meio, sem negar nem afirmar, mas esvaziar a mente de preconceitos e de idéias preconcebidas, submetendo tudo ao critério da consciência racional da intuição.

GRANDES RELIGIÕES

A primeira destas fontes, que está imediatamente disponível a qualquer pessoa interessada, é o estudo dos ensinamentos das grandes religiões do mundo. Quando iniciamos o estudo de religiões comparadas, parecemos perdidos num labirinto de contradições e mesmo de absurdos, mas, com a prática, tornamo-nos intelectualmente hábeis em despojá-las dos cerimoniais, das formalidades e dos costumes peculiares a cada religião, e em chegar às idéias fundamentais comuns a todas elas.

As diferenças existentes entre uma religião e outra devem-se às diversas características do povo que as professa e ao acervo de cerimônias, especulações e fantasias que, através dos séculos, gradualmente obscureceram ou encobriram as verdades básicas ensinadas por seus fundadores. Fundamentalmente, todas as religiões são uma só, pois o estudo desapaixonado indica com clareza que elas ensinam a mesma verdade fundamental e inculcam os mesmos ideais de vida e conduta.

Externamente, contudo, as religiões são diferentes umas das outras, em razão de terem sido *planejadas* para sensibilizar diferentes raças e temperamentos. Em nosso atual estágio de desenvolvimento, uma religião não pode satisfazer às necessidades religiosas do mundo inteiro, pois, em geral, quando se trata de assuntos religiosos, somos mais influenciados pela maneira como nos ensinam do que pelos ensinamentos propriamente ditos. As características mentais e emocionais de cada raça determinam a forma mais adequada de instrução e, à medida que tais características variam, também cada religião difere em sua face externa no intuito de produzir o resultado almejado. "Adequada a cada necessidade humana individual, assim aparece Minha Imagem", expressão que, com beleza, sugere a atitude Divina com relação aos humanos.

Requer uma certa grandeza de espírito estudar desapaixonadamente cada religião pela verdade que contenha, já que é necessário eliminar a indevida parcialidade por uma determinada forma de culto, aprender a pensar em termos e símbolos de cada uma das fés estudadas, superar preconceitos, exercitar a tolerância e ser um amante da verdade. Mas se isto for possível para o estudante, verificar-se-á que os *ensinamentos básicos, subjacentes a todas as grandes religiões, estão perfeitamente de acordo com os ensinamentos de Teosofia.*

É por isto que a Teosofia empolga os seguidores de todas as religiões e explica por que cristãos e budistas, hinduístas e parses, judeus e muçulmanos, conquanto mantendo suas religiões, ingressaram na Sociedade Teosófica. Todos eles encontram na Teosofia aquilo que ilumina suas próprias crenças religiosas e ajuda-os a viver a vida mais elevada preconizada por suas Escrituras. Esta é também a razão pela qual a Teosofia não enfatiza a superioridade de uma religião sobre todas as outras, pois cada grande credo possui sua mensagem para o mundo, e a humanidade seria mais pobre sem ela.

Embora a Teosofia não seja uma religião – uma vez que seus ensinamentos não são acompanhados por rituais ou cerimônias – não obstante ela é profundamente religiosa, pois ensina as verdades essenciais encontradas em todas as religiões.

MISTÉRIOS ANTIGOS

Muitas das verdades teosóficas podem ser encontradas através do estudo dos fragmentos de instruções enunciadas nos Antigos Mistérios que chegaram até nós. Estas famosas instituições, que floresceram na Pérsia, Egito, Grécia e Roma, foram fundadas com o propósito de fornecer às pessoas cultas da época uma interpretação racional e filosófica dos mitos e lendas que satisfaziam o povo comum e se constituíam nas religiões populares. Ainda que restem apenas porções esparsas dos outrora secretos ensinamentos, o estudante atento será recompensado ao se deparar ocasionalmente com uma verdade preciosa semi-oculta entre as frases obscuras destes antigos ensinamentos.

ESCOLAS FILOSÓFICAS

Outro frutífero campo de estudo é encontrado nos ensinamentos de diversas escolas filosóficas que tiveram seu apogeu e sua queda durante séculos passados. A maravilhosa disciplina pitagórica de Crotona; as brilhantes escolas neoplatônicas de Alexandria, particularmente a que se formou em torno de Hipatya; os tão incompreendidos alquimistas, cuja simbologia matizou os escritos da Idade Média; as interessantes Ordens Rosa-Cruzes, cujos ensinamentos permearam todo o pensamento europeu durante os séculos XV, XVI e XVII, e o movimento maçônico que se seguiu; todas estas são fontes de conhecimento teosófico. As afirmações contidas nos livros antigos e manuscritos raros, são geralmente difíceis de compreender porque estão expressas em símbolos arcaicos e expressões obsoletas, mas o estudo persistente é amplamente recompensado.

CIÊNCIA

A moderna Teosofia possui uma grande dívida para com a Ciência por suas descobertas e pela terminologia exata que resultou da maneira cuidadosa na qual foram formuladas as declarações dos cientistas. A moderna Teosofia é igualmente cuidadosa em seus métodos de pesquisa, e sua fraseologia tornou-se gradualmente mais precisa.

Os teosofistas da Antiguidade e da Idade Média foram freqüentemente vagos e obscuros quando tentaram descrever o que viam, ou quando formularam as leis que governam o crescimento e a existência humanos. Isso se devia não a qualquer esforço da parte deles em descrever algo que não existia, mas à grandiosidade de suas concepções de Deus e do Universo – ou talvez eles as considerassem por demais profundas para serem profanadas. Era esta a razão pela qual o simbolismo era tão largamente empregado; sendo, contudo, quase que virtualmente desnecessário nos dias de hoje. A linguagem da Ciência, ricamente descritiva, tomou o lugar do símbolo. Como poderiam os primitivos investigadores descrever a eletricidade, o átomo, uma vibração, os planos da

Natureza, quando os próprios termos ainda não haviam sido cunhados e mesmo as pessoas mais cultas nada sabiam de tais fenômenos? Como poderiam eles explicar claramente a evolução da alma humana por intermédio de sucessivas vidas na Terra, quando ainda não se havia pensado sobre a evolução dos corpos humanos? Assim a moderna apresentação de Teosofia, que é, decididamente, científica no tom e no tratamento, apenas se tornou possível em virtude do desenvolvimento da Ciência.

Os ensinamentos de Teosofia incluem os da Ciência, e cada resultado *comprovado* da pesquisa científica encontra seu lugar na Teosofia.

Em determinados casos, investigadores teosóficos, utilizando métodos especiais de pesquisa, anteciparam-se à Ciência, e cientistas verificaram mais tarde, à sua própria maneira, os resultados assim obtidos. Em outras ocasiões, ainda, a Teosofia levou a aplicação de certas leis que governam a matéria além dos limites arbitrariamente estabelecidos pelos cientistas, mas isso se justificava porque a observação demonstrou que um *princípio de repetição* prevalece em toda parte, e que a natureza repete, em miniatura, no mundo físico, processos que são universais em sua abrangência.

CONHECIMENTO INCOMPLETO

O estudo de religiões e de antigas escolas de pensamento filosófico, combinado com o conhecimento de descobertas científicas, *não* é suficiente, contudo, para explicar de forma satisfatória todas as condições e fenômenos do mundo. Sérias lacunas ainda permanecem no nosso esquema mental das coisas; parecemos incapazes de conciliar certos pontos de vista aparentemente conflitantes; e, acima de tudo, necessitamos de uma luz que nos oriente através do labirinto de especulações em direção à própria verdade.

Como exemplos de pontos de vista conflitantes, é suficiente compararmos as declarações das religiões com aquelas das Ciências. Os religiosos falam de Deus como fonte e criador de todas as coisas; os cientistas declaram que o Universo foi formado através da ação de diversas forças obedecendo a leis mecânicas.

Os religiosos falam-nos do amor de Deus por todas as criaturas; os cientistas apontam a miséria e o sofrimento imerecidos dos humanos, até bebês, e da silenciosa agonia de milhares de animais e pássaros. Os religiosos consideram a vida além da morte, os cientistas voltam-se para um corpo morto e pedem provas de que exista algo além daquilo. Os religiosos aceitam livros antigos como autoridade definitiva; os cientistas recusam-se a admitir que qualquer coisa seja verdade a não ser que possa ser verificada agora. Esses antagonismos devem-se, sem dúvida, a um conhecimento *incompleto*, mas como pode este conhecimento ser adquirido para demonstrar que Religião, Ciência, Filosofia e Arte são apenas aspectos diferentes do mesmo corpo de verdade? Não parece óbvio que, se este mundo é uma unidade, tal síntese deva existir?

Isso nos leva à consideração daquelas fontes de conhecimento teosófico que requerem treinamento preliminar e desenvolvimento do caráter, da mente e dos sentidos sutis antes que possam ser alcançadas.

A INVESTIGAÇÃO FÍSICA

A Teosofia jamais concordou com as afirmações dogmáticas de materialistas, segundo as quais nada existe de superfísico, nem com as afirmações de agnósticos de que fenômenos superfísicos podem existir, mas que nunca os poderemos conhecer em virtude das limitações dos sentidos, conquanto tenham sempre enfatizado que *nada há de supernatural,* tudo ocorrendo dentro do domínio da lei natural. A Teosofia tem afirmado, com base na experiência real, que existem sentidos inativos em todo ser humano que, estimulados para a atividade, tornariam possível a investigação de um reino normalmente invisível, de matéria não-física, em torno de nós.

Mas, em vez de utilizarem instrumentos físicos – que naturalmente possuem sérias limitações, mesmo sendo delicadamente elaborados – os investigadores teosóficos fizeram uso, nas suas pesquisas, do método mais difícil: desenvolver dentro deles próprios o poder de ver este reino sem a mediação de qualquer instrumento. Longo e árduo treinamento é necessário antes que isso possa ser atingido, tornando-se excepcionalmente difícil, porque o caráter do indivíduo deve ser também compatível.

Um cientista pode ser sensual, cruel e egoísta, mas seu trabalho científico não será prejudicado se suas capacidades intelectuais e de observação não forem agudas. Porém, aqueles que pretendem adotar o método teosófico de investigação devem primeiramente refinar e enobrecer seu caráter. Agindo desta forma, eles não apenas estimulam o despertar destes sentidos sutis, através dos quais entram em contato com o mundo invisível, como também eliminam a possibilidade de uso indevido destas faculdades físicas após despertá-las – algo bastante sério.

Existem apenas poucas pessoas que tiveram a coragem de iniciar e a paciência de perseverar neste treinamento severo e que, após anos de labor, se tornaram peritos neste antigo método de investigação. A moderna Teosofia tem uma grande dívida para com elas pelas informações assim obtidas, pois a publicação de suas pesquisas elevou a Teosofia da posição de filosofia especulativa à de potência mundial no domínio do pensamento, devido à riqueza de detalhes e exatidão de informações. O que eles fizeram, outros podem fazer, desde que exista a disposição de pagar o preço do esforço constante, trabalho desinteressado e a capacidade de aprender através do fracasso.

Os resultados das investigações destes peritos são inestimáveis, caso tentemos avaliar seu valor para a humanidade. Estes pesquisadores descobriram muitos fatos interessantes e importantes com relação à parte etérica do mundo físico e às esferas invisíveis – invisíveis ao olho humano normal – que circundam e envolvem a Terra. Eles publicaram uma riqueza de detalhes relativos às condições existentes do outro lado da morte, a natureza e a aparência dos corpos mental, emocional e anímico, as leis do desenvolvimento humano e do destino, o propósito da existência e o meio mais rápido de atingir o objetivo da evolução humana.

Muitos dos detalhes exatos que distinguem a moderna Teosofia de todas as outras escolas de pensamento que percorrem trajetórias semelhantes são devidos ao trabalho destes peritos, que consumiram anos para obter os fatos divulgados e confirmar, através de repetidas experiências e observações, as conclusões a que chegaram.

OS MESTRES

Existe ainda uma outra fonte, a maior de todas, da qual a Teosofia extrai suas mais importantes informações: um grupo de seres tornados perfeitos, chamados por vezes Irmãos, por vezes Mestres, que completaram sua evolução humana, mas permanecem em contato com o mundo para auxiliar a humanidade na sua evolução. Eles se distinguem por seus sentidos sutis totalmente despertos, pelo intelecto superior e pela elevada espiritualidade e detêm, sob seu comando, um vasto conhecimento das leis da Natureza, o qual é fruto da experiência de eras inteiras. Eles colocam este conhecimento à disposição dos aspirantes sob determinadas condições: geralmente que aqueles que o solicitarem, façam-no não apenas através de suas palavras mas também através da nobre e altruísta vida que levam, dedicada ao serviço da humanidade.

As informações que os Mestres forneceram àqueles que assim se qualificaram para recebê-las delinearam e completaram o sistema de pensamento teosófico de um modo maravilhoso e preencheram muitas lacunas no nosso conhecimento. Posteriormente, à medida que alguns aspirantes, eles próprios, despertaram e desenvolveram um sentido após o outro, os mesmos verificaram a verdade destas afirmações caso por caso e, embora restem ainda algumas, as quais eles não foram, por enquanto, capazes de verificar, mesmo assim eles estão naturalmente convencidos da veracidade do que lhes foi dito, pois nunca se encontrou um erro nas afirmações de um Mestre.

DEFINIÇÃO DE TEOSOFIA

Estamos agora em posição de nos beneficiarmos com uma definição lapidar de Teosofia. A palavra, em si, é luminosa e bela, uma vez que significa por suas derivações, "sabedoria a respeito de Deus". Aparentemente, ela foi utilizada pela primeira vez por Amonius Saccas de Alexandria, no século III d.C., para designar um eclético sistema de Filosofia e Misticismo oriental que, posteriormente, se desenvolveu no Neoplatonismo. A "Teosofia" tem sido definida de muitas maneiras, mas nenhuma delas é ideal, apesar de todas concordarem que se trata da possibilidade do conhecimento direto "das coisas divinas e eternas".

A moderna Teosofia pode ser definida como uma síntese das verdades essenciais da religião, da ciência e da filosofia. Ao ser apresentada, ela combina uma adequada explanação dos problemas e fenômenos da vida e do Universo com um sistema prático de ética e conduta que procede naturalmente de uma tal explanação. Seus postulados, como já vimos, estão baseados em um estudo crítico e comparativo de sistemas teosóficos, filosóficos e religiosos mais antigos, nas descobertas das ciências físicas, em dados obtidos através da percepção extra-sensorial treinada, em iluminação resultante de intuição espiritual desperta, sendo toda essa massa de informações organizada, reunida e suplementada por informações adicionais fornecidas pelos Mestres.

A NATUREZA DA TEOSOFIA

Torna-se evidente, portanto, a partir de uma análise de suas fontes, que a moderna Teosofia não é uma revelação, na acepção comum da palavra, e que, embora suas verdades fundamentais sejam firmes como rochas por estarem baseadas na realidade, as afirmações de seus investigadores, quanto aos detalhes, não são infalíveis. É um sistema de pensamento em desenvolvimento, resultado de estudo e pesquisa cuidadosos. Seu ideal é o de apresentar os fatos como são e eliminar especulação e teoria. Erros podem ser cometidos, e o são, por seus investigadores, mas são corrigidos tão logo são percebidos. Tais erros, como ocorre com a pesquisa científica, devem-se à observação incompleta e inferência incorreta do que foi observado.

Dever-se-ia lembrar que, em virtude da constante prática e esforço, os poderes dos investigadores estão se desenvolvendo todo o tempo, e a cada ano suas capacidades de observação são maiores e mais confiáveis. Naturalmente, por esse motivo, as investigações publicadas demonstram precisão e detalhe sempre crescentes, à medida que os anos passam, e, se alguém desejar obter uma idéia adequada a respeito dos ensinamentos de Teosofia, devem ser lidos tanto os livros mais recentes quanto os mais antigos. É tranqüilizador, contudo, o fato de que praticamente toda a informação obtida através da investigação teosófica moderna suportou o duro teste do tempo, e que quase todas as alterações efetuadas foram no sentido de ampliar resultados. Este é o ponto bastante favorável à acurácia dos pesquisadores teosóficos.

Se Teosofia é o que seus adeptos afirmam que seja, então ela é nada menos que a pedra fundamental sobre a qual se apoiam todas as fases do pensamento e atividade do mundo. Tal conjunto de conhecimentos é possível, teoricamente, caso o Universo seja uma unidade e não um caos. A questão quanto à moderna Teosofia ser ou não uma aproximação deste conhecimento permanece para ser comprovada pelo tempo.

2

OS OUTROS MUNDOS

Sobre esta questão de um mundo maior e invisível em torno de nós, eu não falo de forma indireta, mas, em parte, de minha própria e direta observação e conhecimento. O que há de peculiar nos centros de meu cérebro, eu não sei, mas um fato perene de minha consciência é a percepção de que existe, ao meu redor, através, por dentro e por fora de tudo, um mundo invisível, dificílimo de descrever... Este mundo é luminoso, e parece que cada ponto do seu espaço é um ponto de luz autogerada, de um tipo diferente da luz do mundo físico... este mundo invisível tem uma realidade maior que o físico.

C. Jinarajadasa
Primeiros Princípios de Teosofia

NOVA EXPLORAÇÃO

Conquanto grandes rios ainda estejam sendo descobertos[3], as regiões inexploradas da Terra diminuem ano a ano. Isso seria motivo apenas para júbilo não fosse por nossos "viajantes-natos", que irão sofrer as angústias dos desejos insatisfeitos. Como pode esta febre de descobertas, inerente à raça, ser apaziguada, senão pela oferta de novos campos para exploração? E onde seriam estes campos encontrados, agora

3 Este livro foi escrito em 1914. (N.E.)

que o mundo visível já foi revolvido, vasculhado, dissecado, pesado e analisado? Obviamente, devemos voltar nossa atenção na direção daqueles outros mundos para os quais apontaram os videntes por tantos séculos, sem despertar maior interesse até agora.

Pensadores de vanguarda já chegaram à conclusão de que vivemos, não apenas na superfície de um globo físico, mas também em meio a um mundo, em princípio, invisível. Enquanto muitos estão começando a suspeitar que este mundo sutil pode ser cientificamente estudado, uns poucos já sabem há mais tempo que ele já foi cuidadosamente estudado e descrito, tendo sido seus fenômenos registrados. Somos forçados a admitir que essa é uma afirmação arrojada, mas é proferida por aqueles que realizaram a tarefa e negada por quem nem ao menos deu-se ao trabalho de ler os relatórios das investigações. Esses relatórios são extremamente interessantes e, conquanto muitos detalhes estejam, sem dúvida, faltando – pois o estudo de um novo mundo é uma tarefa hercúlea – o que foi descoberto tanto nos instrui quanto nos fascina.

ATITUDES ILÓGICAS

É uma pena que nossa compreensão desse reino invisível seja, com freqüência, obscurecida, pois estamos curiosamente habituados a adotar uma de duas atitudes, ambas ilógicas. Ou encaramos todo o assunto como uma miscelânea de fantasias extravagantes, resultado de especulações doentias, ou voltamo-nos para o outro extremo e velamos tudo o que se relaciona a esse reino invisível com mistério e reverência injustificáveis, referindo-nos a seus fenômenos com o fôlego suspenso. O mistério é a sombra lançada sobre a natureza pela ignorância.

Parece haver um ceticismo introjetado na maioria das pessoas quanto a qualquer fato não-físico, freqüentemente citado de tal forma que distorce as opiniões e impede um julgamento imparcial. Isso é por certo verdadeiro quando se trata de considerar as evidências sobre a existência de mundos superfísicos. Muitas pessoas declaram dogmaticamente, sem qualquer tipo de investigação, que tais mundos não existem, não se apercebendo de que opiniões baseadas em preconceitos não possuem qualquer valor e, por não estarem familiarizadas com as numerosas descobertas já feitas, suas declarações não possuem qualquer substância. É significativo que todos os que estudaram *cuidadosamente* as evidências disponíveis mantenham sua convicção sobre a existência efetiva de um mundo não-físico.

LOCALIZAÇÃO DOS MUNDOS

Investigações teosóficas deste reino invisível mostraram que ele é composto de diversas regiões, ou mundos interpenetrantes, dos quais apenas dois, são, contudo, de importância prática neste estudo preliminar. Esses dois mundos sutis estão contidos um no outro, estando o mundo físico sólido encravado no coração de ambos. Podemos imaginá-los como duas vastas esferas circundando a Terra, não muito diferentes de uma gigantesca atmosfera, porém, ao mesmo tempo, permeando a matéria física da Terra com a mesma facilidade que o vapor d'água espalha-se pelo ar. Uma das esferas é maior que a outra e, portanto, estende-se a distâncias muito maiores no espaço, mas ambas nos circundam todo o tempo, ainda que normalmente estejamos inconscientes de sua existência. À medida que a Terra percorre sua trajetória em torno do Sol, estas esferas movem-se com ela como o faz a atmosfera física.

Assim, estranho como possa parecer, estamos vivendo concomitantemente em diversos mundos, e descobriremos, ao continuarmos nossos estudos, que a evolução humana está intimamente ligada a todos eles. Estes mundos sutis são tão objetivos e "reais" para aqueles conscientes de sua existência quanto a Terra é "real" para nós, e não deveríamos encará-los como irrealidades nebulosas por serem desconhecidos para os sentidos físicos. A matéria de que são formados não é física em suas características. A matéria, nos dois reinos mais acessíveis a nós, na falta de termos melhores para designá-la, foi denominada "mental" e "emocional"; termos cuja significação será vista mais adiante.

DISSECAÇÃO DO ÁTOMO

A tendência das recentes descobertas científicas tem sido em direção ao infinitesimal – à dissecação do átomo. Anteriormente, acreditava-se que os átomos eram as unidades ou tijolos mínimos dos quais todas as formas são constituídas. Agora sabe-se que os próprios átomos são estruturas complexas, formadas por uma porção de partículas diferentemente agrupadas. Os elétrons são considerados por muitos cientistas não como "coisas em si mesmas", mas, simplesmente, como centros de força no invisível campo magnético que circunda e penetra todas as coisas. Pesquisadores teosóficos, através de observação direta tornada possível pelo despertar de certos sentidos, determinaram que cada objeto físico, inclusive o corpo humano, está embebido e reproduzido em matéria "etérica", através da qual fluem continuamente forças elétricas, magnéticas e outras, intimamente associadas com a vida física. Observou-se que havia quatro densidades ou gradações deste éter, as quais, com os conhecidos estados sólido, líquido e gasoso, formam sete densidades da matéria física, pois o próprio éter é dado como físico, embora invisível ao olho humano normal.

Isto nos traz o fato importante de que não existe um abismo entre o mundo físico e o próximo mundo interpenetrante. A matéria do mundo mais denso é formada indiretamente da matéria do mais sutil. Durante as experiências dos pesquisadores teosóficos, nas quais estudou-se a estrutura da matéria, descobriu-se que através de um forte esforço da *vontade* – que coloca determinadas forças em ação – era possível romper as partículas do éter físico mais fino. Quando isso era feito, as características das partículas *resultantes* alteravam-se inteiramente; elas deixavam de ser de natureza física. Elas mostraram ser moléculas da matéria mais densa do mundo sutil interpenetrante.

MUNDO ASTRAL

As moléculas do mundo emocional ou astral obedecem a leis diferentes daquelas que regem a matéria física. Elas não se expandem com o calor ou se contraem com o frio, como ocorre com as moléculas físicas. Seguem uma lei de gravidade própria. As vibrações que as perpassam permitem um poder de visão aumentado, fora de toda a proporção possível à visão física. A matéria em si é de extrema mobilidade, respondendo, sobretudo, e de um modo maravilhoso, às alterações emocionais – donde o nome "matéria emocional". Sua sensibilidade às emoções, desejos e paixões é maior que aquela do ar ao som, pois transporta as vibrações a uma longa distância do indivíduo que as gera. Manifestam-se na forma de ondas, cintilantes massas de cores variando de tonalidade de acordo com o tipo de emoção. Outra característica surpreendente dessa matéria é que ela é facilmente moldada pela emoção em várias formas as quais, conquanto evanescentes, geralmente persistem por diversas horas ou dias, vibrando todo o tempo na mesma freqüência que a oscilação original a qual as gerou.

A matéria mais densa do mundo emocional reproduz qualquer objeto físico, de tal forma que é possível, movendo-se em seus níveis mais inferiores, observar o que está ocorrendo no mundo físico. Não significa que os objetos físicos sejam visíveis quando se está em ativa observação no corpo emocional, mas as réplicas daqueles objetos, em matéria sutil, são facilmente visíveis. Na verdade, pessoas não muito observadoras ou que, por qualquer razão não estejam conscientes de que estão se movendo no mundo astral, costumam não detectar qualquer diferença entre objetos formados por matéria física e suas duplicatas sutis. Mais além, naquelas regiões do mundo emocional que estão a alguma distância da superfície da Terra, diversas cenas de grande beleza e interesse podem ser observadas – produtos da imaginação criativa dos indivíduos que lá habitam.

O mundo emocional é densamente povoado por toda espécie de criaturas vivas, humanas e não-humanas, não em sua superfície, como no caso da terra, mas dentro dele, como no caso dos peixes na água e dos pássaros no ar. Não são necessárias pernas para andar ou asas para voar, pois *desejo* e *vontade* são os motores que nos deslocam de um lugar para o outro neste mundo invisível. Contudo preservamos lá a mesma aparência que temos aqui, provavelmente pelo hábito, mas também possivelmente por uma lei mais profunda da forma, que controla toda a criação.

As criaturas não-humanas seguem uma linha de evolução que pouco tem a ver diretamente com a humanidade. Suas inteligências variam desde o nível de nossos animais mais inferiores a tipos sublimes, muito mais sábios que nós – as presenças angélicas das tradições religiosas. Não possuem corpo físico semelhante ao nosso, mas apresentam-se em corpos sutis constituídos de matéria emocional radiante.

Animais que perderam seus corpos físicos ao morrerem, também estão lá. Eles passam um período curto, porém feliz, no mundo emocional antes de nascerem novamente de animais da mesma espécie.

Neste mundo, encontram-se milhões de seres humanos, incluindo não apenas toda a população que está vivendo na Terra em um dado momento qualquer – pois, lembrem, possuímos corpos emocionais além do corpo físico – como também praticamente todos os que perderam seus corpos físicos com a morte durante os últimos trinta anos. Aqueles que tenham estado mortos a mais tempo que isto geralmente passam para um mundo ainda mais sutil, conhecido como mundo mental ou celeste.

Por fim, contrastando com os milhões de almas que recebem sua educação neste planeta, encontra-se um número muito pequeno de Mestres no mundo astral. Eles são os grandes Instrutores, com tanta freqüência mencionados na literatura teosófica, e são eles os encarregados da evolução humana.

MUNDO MENTAL

O mundo mental, ou o céu a que nos referimos é uma esfera muito mais ampla, envolvendo o mundo físico e o emocional e, ao mesmo tempo interpenetrando-os. Ele pode ser atingido, portanto, não ao nos movermos no espaço, pois está em toda a nossa volta, mas ao aprendermos a focalizar nossa consciência no "corpo mental", que é formado de sua matéria – uma façanha bastante difícil.

Para compreender mais uma vez a íntima relação entre os diferentes mundos, deve-se notar que a matéria extremamente sutil do mundo mental, que, na verdade, poderia ser chamada de "substância mental" pode ser obtida através da quebra da matéria emocional. O mundo mental está para o mundo emocional na mesma razão que o mundo emocional está para o mundo físico. Sua matéria apresenta um conjunto de características próprias. Ela é marcada sobretudo por sua resposta imediata às forças do pensamento, irrompendo em cascatas de cores incessantemente mutantes a cada impulso mental. A matéria é bastante luminosa e bela como resultado de suas constantes vibrações. Citando as palavras de uma estudiosa:

> "Estas vibrações dão origem às cores mais exóticas e constantemente mutantes, ondas de tonalidades cambiantes como matizes madreperoladas do arco-íris, eterizados

e tornados brilhantes em nível indescritível, perpassando e penetrando toda forma, de modo que cada uma apresenta uma harmonia de cores ondulantes, vivas, luminosas, delicadas, incluindo diversas desconhecidas na Terra. As palavras não podem dar idéia da exótica beleza e fulgor exibidos nas combinações desta matéria sutil, impregnada de vida e movimento."4

De acordo com algum processo que possui evidentemente estreita associação com a formação estrutural do sistema solar, a matéria do mundo mental, bem como a dos mundos emocional e físico, divide-se em sete gradações ou densidades. No mundo mental, contudo, há uma importante divisão destas diferentes gradações de matéria em dois grupos, as quatro categorias mais densas formando coletivamente o que é chamado de mundo mental inferior e as três mais sutis, o mundo mental superior.

Esta não é uma divisão arbitrária; é baseada em certas diferenças na própria matéria. A que corresponde ao mundo mental inferior reage ao que chamamos de pensamento concreto e dá origem a imagens mentais, figuras e formas; a do mundo mental superior reage aos nossos pensamentos abstratos emitindo ondas de força em todas as direções.

Existem quase que incontáveis inteligências habitando o mundo celeste. É o reino daqueles seres sublimes mencionados nas Escrituras sagradas como anjos ou devas. É também o verdadeiro lar dos Mestres e seus discípulos, e é aqui que eles executam a maior parte do seu trabalho de auxílio à

4 Annie Besant, *A Sabedoria Antiga*, pág. 146. (N.do O.)

humanidade na peregrinação infindável em direção à perfeição.

As almas de todos os seres humanos estão aqui – uma vasta hoste, algumas delas encarnadas, outras em repouso, desenvolvendo-se espiritualmente entre uma encarnação e a seguinte. Uma vez que o mundo celestial está por toda a nossa volta, a alma nunca deixa aquele reino de bem-aventurança quando encarna na Terra; para formar corpos, ela apenas toma à sua volta a matéria dos mundos mais densos com os quais pretende manter contato, e, então, treina aqueles jovens corpos para responderem aos seus poderes mais evoluídos. Enquanto almas, obtemos apenas o corpo físico com o auxílio de nossos pais; os corpos mental e emocional são elaborados por nós mesmos. Assim, a cada momento de cada dia, enquanto almas, habitamos o mundo celestial; somos tanto espíritos agora quanto sempre seremos, embora seja verdade que muito de nossa consciência anímica esteja toldada pelas limitações do cérebro.

3

A AURA E A ALMA

A aura ovóide maior é uma estrutura elaborada de linhas de força que indicam tanto o processo efetivo de pensar e sentir a cada momento, quanto as potencialidades, desenvolvidas ou não, dos aspectos físicos e espirituais do indivíduo. Ela é, em resumo, um espelho no qual todo o homem está refletido a cada estágio do seu desenvolvimento pessoal.

Laurence J. Bendit
Phoebe P. Bendit
O Corpo Etérico do Homem

O OVÓIDE COLORIDO

A existência de uma aura, ou névoa colorida de matéria rarefeita, que circunda o corpo humano é, de há muito, conhecida. Foi freqüentemente representada em pinturas, na época da Renascença, não apenas como um halo em torno da cabeça, mas como um ovóide no meio do qual postase a forma humana. Nós, pessoalmente, colecionamos mais de sessenta reproduções fotográficas de pinturas famosas, hoje em galerias de arte italianas, nas quais é mostrada a aura.

A aura é claramente visível por muitos como um brilho luminoso sobre as cabeças de outras pessoas. Todos os seres humanos e, até certo ponto, animais, plantas, inclusive minerais, estão rodeados e interpenetrados por uma nuvem de matéria sutil, proveniente da parte etérica do mundo físico e dos mundos emocional e mental. Tal matéria é tão sensível que reage instantaneamente a pensamentos e sentimentos e, à medida que isto ocorre, suas vibrações dão origem a diversas cores.

Num ser humano desenvolvido, esta nuvem de matéria tornou-se tão especializada que está, em grande parte, separada da matéria restante do mundo invisível, da mesma forma que nossos corpos físicos são objetos distintos. Além disso, ela é de tal forma moldada e organizada pela ação constante dos pensamentos e sentimentos que assume a forma de corpos sutis através dos quais um indivíduo toma contato e se comunica com os mundos invisíveis.

ANÁLISE DA AURA

As pesquisas demonstraram que a aura é constituída de quatro diferentes camadas:

(1) Uma névoa etérica estriada, de cor cinza-azulada, que se expande por diversas polegadas a partir da superfície da pele. Ela é constituída principalmente por *emanações* do duplo etérico do corpo físico.

(2) Uma forma ovalada, que sedia todas as nossas emoções, paixões, sensações e sentimentos. Este é o corpo emocional constituído de matéria do mundo emocional.

(3) Uma forma semelhante à anterior, na qual todos os nossos pensamentos concretos do dia-a-dia e imagens mentais são gerados. Este é o corpo mental, formado pela matéria do mundo mental inferior.

(4) Uma forma ovóide, sede de todos os nossos pensamentos abstratos e filosóficos e aspirações espirituais. Este é o corpo causal ou anímico, formado pela matéria do mundo mental superior.

É importante lembrar que esses diversos corpos, incluindo o físico, não estão separados como pérolas em um colar, mas ocupam o mesmo espaço, os mais sutis interpenetrando os mais densos, todos formando uma unidade operante única e compacta que denominamos ser humano.

DUPLO ETÉRICO

O duplo etérico, que não deve ser confundido com suas emanações etéricas, é uma exata contraparte do corpo físico. Ele é levemente luminoso e de coloração cinza-azulada e estende-se a partir da superfície do corpo, atingindo aproximadamente 1 centímetro, sendo, por vezes, visível a olho nu. Ele permeia todo o corpo físico, e sua função é conduzir as diferentes correntes elétricas, magnéticas e vitais que circulam por todos os tecidos.

A velha idéia, comum há cerca de uma geração, de que existiria uma "força vital", está realmente mais próxima da verdade que muitas teorias modernas, pois, quando se desenvolve o poder de ver etericamente, correntes de partículas róseas podem ser observadas fluindo do cérebro na direção e em torno de cada nervo até que, ao alcançarem a pele, são forçadas para fora em direção ao ar circundante. Esta descarga de partículas vitais, partindo das terminações nervosas da pele, confere uma aparência estriada à atmosfera etérica que circunda o corpo. Devido ao fato de o padrão reto ou pendente das estrias indicar se uma pessoa está sadia ou enferma, ela tem sido freqüentemente referida como "aura da saúde".

As partículas róseas estão carregadas de uma força denominada "vitalidade", que é distinta da eletricidade, e deriva-se do Sol, pois, em dias luminosos, o ar fica repleto de moléculas incolores carregadas com esta força, como miríades de centelhas dançantes de luz. Para serem úteis ao corpo físico, contudo, estas moléculas incolores devem primeiramente ser absorvidas no duplo etérico, na região do baço, e transformadas em partículas róseas, que são, então, enviadas em sua jornada pelos nervos e através dos tecidos do corpo.

CORPO EMOCIONAL

O corpo emocional é maior que sua contraparte física e estende-se, em média, cerca de 50 cm em torno deste último. O corpo emocional de um indivíduo nos primeiros degraus da escala da evolução é uma nuvem de matéria indefinida e vagamente delineada, pouco brilhante e de cores sombrias, mas o de um indivíduo avançado é um ovóide nitidamente definido, marcado por áreas e faixas bem determinadas, cada uma das quais indicando uma tendência *habitual* de paixão, sentimento ou emoção.

A despeito da forma oval do corpo emocional, é interessante notar que, no mundo emocional, nossa aparência é quase igual à do mundo físico, e somos, portanto, facilmente reconhecíveis. Isso se deve ao fato de que cerca de 90% da matéria mais densa do corpo emocional é condensada dentro dos limites da forma física, aparentemente sendo mantida ali por alguma força de atração, de tal maneira que a forma oval é apenas debilmente indicada, enquanto a contraparte mais densa do corpo físico, em seu interior, é claramente visível em todos os seus detalhes.

Toda vez que uma emoção ou sentimento forte arrebata uma pessoa, o corpo emocional é impulsionado à intensa atividade, e de sua matéria vibrante lampejam cores que estão sempre associadas com aquela emoção ou sentimento. Assim, a raiva aparece como vermelho escarlate, o egoísmo como um marrom intenso, o medo como um cinza pálido, a compaixão como um verde-maçã brilhante, o amor como um rosa vivo, a devoção como azul e assim por diante. O estudo dessas cores e sua correspondência com as alterações de consciência é um dos mais interessantes dentre os diversos aspectos da Teosofia.

CORPO MENTAL

O corpo mental tem geralmente as mesmas dimensões que o emocional, aumentando ambos à medida que caminhamos pela Senda da evolução.

Com um progresso efetivo no poder do pensamento, o corpo mental torna-se mais organizado e, portanto, mais claramente delineado. É extraordinariamente luminoso e radiante, com cores claras e belas, sobretudo num tipo mais desenvolvido de indivíduo, cada área colorida indicando uma atitude *habitual* de pensamento.

As vibrações que acompanham a atividade intelectual emitem uma luz amarela, que varia em tonalidade desde um amarelo alaranjado forte em uma mente egoísta e mediana ao belíssimo amarelo-prímula da mente filosófica do indivíduo evoluído. Toda a nossa atividade mental, que possa ser expressa em imagens e figuras, surge aqui, pois o corpo mental é o instrumento consciente utilizado para gerar pensamentos concretos.

A ALMA OU EGO

Finalmente chegamos ao verdadeiro homem, sobre o qual é dito no *Bhagavad Gita (2:20):*

> "Ele não nasce, nem morre, nunca tendo sido, nunca cessará. Incriado, perpétuo, eterno, antigo, não é morto quando o corpo é imolado."

Essa passagem refere-se à individualidade, à alma, que sobrevive a todas as alterações do corpo, armazena as experiências e recorda todos os eventos. É o nosso Eu superior, a origem daquela sensação de "eu" que está sempre nos bastidores de todos os nossos pensamentos.

A forma do corpo causal é ovóide – na verdade essa é a forma na qual os corpos mental e emocional são moldados – e, enquanto num indivíduo pouco evoluído assemelha-se a uma bolha vazia, porque pouco desenvolvida, no indivíduo evoluído é maravilhosamente bela, emitindo cores radiantes e reluzindo uma luz viva, toda própria. As palavras são impotentes para descrevê-la; deve ser vista para ser conhecida.

A evolução da alma é de uma lentidão quase inconcebível durante os primeiros estágios da evolução humana, porque as únicas experiências através das quais a alma pode se desenvolver são emoções refinadas, pensamentos inspiradores e aspirações altruístas. É natural que essas sejam praticamente desconhecidas enquanto os humanos estão aprendendo as cruas lições da existência física, mas elas vêm mais tarde, quando começamos a voltar nossa atenção para coisas mais elevadas. Esta é a suprema vantagem de viver uma vida pura e nobre, dedicada a obras altruístas – ela concede à alma, à pessoa real, aquilo que estimula o crescimento de uma maneira maravilhosa, acelerando a viagem da pessoa em direção à esplêndida meta da evolução humana.

EFEITOS DO PENSAMENTO E DA EMOÇÃO

Sempre que pensamos ou sentimos, nossos corpos invisíveis vibram fortemente e, à medida que o fazem, produzem dois efeitos na atmosfera dos mundos sutis:

(1) Eles criam ondas que se irradiam de nós em todas as direções, semelhantes às ondas na superfície das águas de um lago após a queda de uma pedra. Mas deve ser lembrado que as ondas de pensamento movem-se como esferas que se expandem rapidamente, das quais nós somos o centro. Não são apenas círculos. A distância até onde tais ondas penetram é proporcional à intensidade do pensamento ou emoção que as originou; um pensamento forte envia uma onda poderosa, um pensamento fraco, uma onda débil que rapidamente se extingue.

Estas ondas de pensamentos e emoções afetam os pensamentos e as emoções de todos aqueles em quem elas tocam com maior ou menor intensidade e tendem a reproduzir de forma semelhante, mas não idêntica, os impulsos que as colocaram em movimento. Assim, um sentimento de depressão por algum fracasso pessoal tende a reproduzir sentimentos depressivos semelhantes nos corpos emocionais de muitas pessoas dentro de um certo raio, mas cada pessoa afetada associará a depressão com algum problema que ele ou ela tenha experimentado, e não com o problema do emissor. Da mesma maneira, um forte sentimento de felicidade provocará, em muitos que estejam nas proximidades, uma sensação parecida, ainda que eles não se apercebam da razão para tal, geralmente relacionando a emoção que surge com algum evento feliz que tenha ocorrido há pouco tempo.

(2) Um pensamento ou emoção forte efetivamente constrói uma pequena forma na matéria sutil dos mundos invisíveis e a projeta, com a rapidez de uma bala, até o objeto ou pessoa relacionado com o pensamento. Esta forma-pensamento pode persistir por muitas horas ou mesmo dias, dependendo da intensidade do impulso original, e sua única função é a de imprimir nos corpos sutis da pessoa distante o exato pensamento ou emoção que o trouxe à existência. Uma vez que isto se realiza e que sua força é descarregada, ela se dissolve novamente no mar de matéria circundante como uma nuvem se dilui no céu azul. Mas, por um momento, a forma foi quase viva, carregada com a energia do pensamento.

Caso o pensamento ou a emoção sejam pessoal e não estejam relacionados a outra pessoa, a forma-pensamento gerada permanecerá em torno de seu criador, e, em determinado momento, quando a consciência deste estiver passiva, descarregará sua energia sobre ele ou ela. Assim, muitos dos pensamentos que nos assaltam são aqueles que nós próprios geramos algumas horas ou dias atrás.

Estes fatos demonstram de que maneira podemos ser úteis aos outros através do auxílio e encorajamento que lhes podemos transmitir com nossos pensamentos. Além disso, eles nos previnem para mantermo-nos atentos ao tipo de pensamentos que permitimos em nossas mentes e à qualidade das emoções que nos autorizamos sentir. Pois nossos pensamentos e sentimentos criam uma atmosfera pessoal muito real através de cuja influência podemos auxiliar ou bloquear aqueles com quem entramos em contato.

SONO

Sempre que dormimos, saímos de nosso corpo físico e nos movemos no mundo invisível, utilizando nossos corpos emocionais. Porém, as pessoas não têm todas o mesmo grau de consciência enquanto seus corpos físicos estão adormecidos. O grau de nossa consciência, de estarmos em um mundo invisível, depende basicamente do estágio de evolução que alcançamos enquanto almas e, de forma secundária, do conhecimento que nosso cérebro físico possuir sobre a existência daquele mundo.

A consciência de pessoas ignorantes e obtusas é tão subdesenvolvida que, durante as horas de sono, quando não estão experimentando a agitação e a pressa da vida física, elas permanecem praticamente inconscientes, enquanto flutuam em seus corpos emocionais nebulosos, pouco acima de seus corpos físicos adormecidos. Indivíduos de tipo pouco mais desenvolvido estão ativamente conscientes em seus corpos emocionais enquanto seus corpos físicos dormem, mas nada conhecem do mundo invisível, uma vez que estão completamente absorvidos em pensamentos sobre seus pequeninos planos, sonhando com os objetos de seus desejos. Em um estágio mais avançado de desenvolvimento, lampejos do mundo emocional exterior são percebidos de quando em quando, e tal indivíduo poderá afastar-se um pouco do corpo adormecido à procura daquelas aventuras e cenários semipercebidos.

Indivíduos criativos, cultos, no entanto, em especial aqueles que tenham recebido algum treinamento como ocultistas, são muito ativos no mundo emocional, encontrando-se com muitas pessoas, visitando lugares distantes e vivenciando experiências interessantes. Se quiserem, eles lá terão poder para o bem, para ensinar, ajudar e proteger aqueles que têm muito menos conhecimento que eles. Este é o trabalho beneficente daqueles conhecidos como os "auxiliares invisíveis".

Aqueles que erroneamente chamamos de "mortos" são bastante ativos no mundo emocional por diversos anos após a morte de seus corpos físicos, e é-nos possível encontrar e falar com eles à noite. A morte é uma separação apenas em nossa imaginação, pois em todas as noites de nossas vidas estamos com aqueles que já se foram e que amamos.

SONHOS E LEMBRANÇAS

Por vezes, quando acordamos pela manhã, recordamos, com singular nitidez, alguma cena, experiência ou conversa. Tal sonho é geralmente a lembrança de algo que de fato nos aconteceu enquanto estávamos fora de nossos corpos físicos.

Devemos nos lembrar, contudo, de que podemos ter estado muito ativos no mundo emocional durante a noite e, no entanto, não retivemos qualquer lembrança do que fizemos. Isso é inteiramente devido à insensibilidade do cérebro.

Os sonhos comuns, que são absurdos, fantásticos e ilógicos, ocorrem espontaneamente no próprio cérebro, enquanto estamos afastados dele. Costumam ser fragmentos de imagens ou experiências automaticamente reproduzidas pelas células cerebrais na ausência de qualquer inteligência que as oriente, e sua própria absurdidade demonstra que o cérebro é um mero instrumento da consciência, não um gerador de pensamentos.

É útil compreender com clareza que nossa consciência em vigília – isto é, a totalidade dos pensamentos e sentimentos dos quais temos consciência enquanto acordados – é apenas uma pequena parcela de nossa consciência total. Na verdade, nossa consciência em vigília é formada apenas por aquelas notas *dominantes* emergentes na massa cinzenta de nosso cérebro por maior afinidade com as vibrações mais poderosas dos corpos emocional e mental, sedes, respectivamente, de nossas naturezas emocionais de nossas mentes. Na grande maioria dos casos, devido à falta de desenvolvimento, de treinamento e de cuidado com a dieta, o tecido nervoso não é muito sensível e, como resultado das próprias limitações do cérebro, enquanto instrumento de transmissão, estamos conscientes, quando acordados, de apenas uma pequena parcela de todas as nossas emoções e pensamentos.

4

O QUE OCORRE APÓS A MORTE

A resposta a isto encontra-se parcialmente nas grandes religiões do mundo, mas elas são muito diversas em suas afirmações, como se poderia esperar. Por vezes, dentro de suas próprias fronteiras, elas se contradizem, porém, em um ponto, elas são unânimes: existe uma vida do outro lado da morte. Há uma excelente passagem que pode ser lida nas Escrituras Hebraicas, colocada entre os Apócrifos (não sei por quê), na qual é oferecida uma chave para o enigma: "Deus criou o homem para ser imortal, e fê-lo à imagem de sua própria eternidade".

Annie Besant, *O Teosofista*
Vol. 55, nº 8, maio de 1934

A ILUSÃO DA MORTE

A morte é um episódio, não uma tragédia; é libertação do corpo físico e não a aniquilação da consciência. Conquanto a morte possa nos tomar nossos corpos já gastos ou mal dimensionados para nós, ela nos concede a liberdade maior dos mundos , e, para aqueles que sabem, a morte não apresenta qualquer terror – nem um único. Em lugar de ser um rei do terror, vestido de negro, a morte é uma Presença luminosa que possui a abençoada chave a qual destranca as masmorras da carne; e seria ótimo que nós aprendêssemos a verdade sobre o que acontece após a morte, para, então, afastar para sempre toda a dor e luto – dois produtos da ignorância.

Existe um infeliz aforismo entre nós, que diz que todos somos iguais no túmulo – rei e mendigo, sábio e tolo. Isso talvez seja verdade em relação ao corpo físico, mas é um erro no que se refere ao indivíduo em si. Nós não somos modificados pela morte; o poder de nossas consciências pode, na verdade, tornar-se maior e a abrangência de nossa visão e percepção, mais ampla, mas somos a mesma pessoa após a morte – mental, moral e espiritualmente. A morte não nos pode transformar em algo diferente apenas porque elimina o instrumento físico, o corpo, que utilizamos na Terra. Ela não nos pode transformar em santos beatos ou em espíritos oniscientes; tais modificações somente podem ocorrer durante o longo curso da evolução. Após a morte, apegamo-nos às mesmas loucuras, acreditamos nas mesmas meias-verdades, demonstramos os mesmos preconceitos e relacionamo-nos com o mesmo tipo de pessoas, como fazíamos enquanto fisicamente encarnados.

Na verdade, sabemos um pouco mais porque estamos cercados pelos fenômenos de um mundo maior, e estamos no mínimo convencidos de que a morte não termina tudo, uma vez que nós mesmos sobrevivemos a ela. Mas, por outro lado, poucas pessoas são observadores cuidadosos e, portanto, o conhecimento que obtemos após a morte costuma ser genérico e não detalhado e, além disso, é freqüentemente distorcido por nossas crenças e preconceitos.

O ATO DE MORRER

Os atos de morrer e dormir são semelhantes, exceto por algumas especificidades. Em ambos os casos ausentamo-nos do corpo físico. Quando dormimos, a matéria etérica no corpo físico permanece inalterada e, portanto, enquanto estamos ausentes, as correntes vitais percorrem o corpo e o mantêm vivo. Mas quando morremos, o duplo etérico sai conosco, as correntes vitais, que fluem no éter, cessam, e o corpo físico torna-se frio e imóvel, ainda que todos os seus órgãos possam estar ilesos. Tão logo a matéria etérica se retira, a lenta desintegração das células tem início e começa a decomposição.

Ao nos retirarmos do corpo físico, no momento da morte, somos envolvidos pela matéria etérica que se retirou conosco. Ela nos envolve como um nevoeiro e nos impede de ver qualquer coisa do mundo astral, que nos circunda com suas atividades e interesses multifacetados. Como resultado, a maioria de nós durante este período, que dura várias horas, permanece inteiramente inconsciente da própria condição e do ambiente.

A EXPERIÊNCIA DO APÓS-MORTE

Após algum tempo, essa matéria etérica lentamente se desfaz, e percebemos, cada vez mais, o mundo emocional do qual somos, agora, um habitante consciente. À medida que cada objeto físico é duplicado em matéria emocional, não notamos, num momento inicial, especialmente se não formos muito observadores, grande diferença entre este novo mundo e o mundo físico. Com efeito, por vezes é difícil convencer algumas pessoas de que estão, na verdade, "mortas", pois elas estão freqüentemente possuídas por idéias tão fantásticas sobre o que *deveria* acontecer, mas que não ocorre após a morte, que são necessários vários dias para persuadi-las de que elas de fato perderam seus corpos físicos.

Contudo, após algumas tentativas de comer, andar e falar como costumavam fazer na Terra, estes indivíduos obstinados começam a perceber que *alguma coisa está errada.* Eles comem o alimento que imaginam e que imediatamente vêem à sua frente, mas, por alguma razão, este alimento não tem qualquer sabor e não lhes dá qualquer satisfação. É apenas gradualmente que se conscientizam de que não estão mais em seus corpos físicos. Eles ainda precisam aprender que o corpo astral não necessita de alimento. Percorrem suas antigas casas e lugares que antes freqüentavam, porém descobrem-se incapazes de mover determinados objetos como faziam antes. Eles ainda precisam aprender que um indivíduo que habita o mundo invisível não pode mover objetos físicos apenas tentando levantar suas duplicatas astrais.

Os mortos recentes falam com outros que encontram e ficam muito intrigados, num primeiro momento, ao perceberem que enquanto podem conversar com algumas pessoas a qualquer hora, outras só lhes darão atenção em aproximadamente oito das vinte e quatro horas do dia. Durante o resto do tempo, estes curiosos homens e mulheres – pois assim são considerados pelos obstinados "mortos" cujas experiências estamos estudando – não respondem a nada do que é dito. Nossos amigos no mundo emocional ainda precisam descobrir que, enquanto eles podem se associar e falar a qualquer momento com outras pessoas que estejam igualmente "mortas", elas não são capazes de atrair a atenção daqueles fisicamente encarnados durante as horas em que estes últimos estejam acordados, isto é, quando a consciência está concentrada na mente física. É somente quando os corpos físicos dos indivíduos encarnados adormecem que eles são liberados das limitações da mente e, conseqüentemente, estão sensíveis ao meio astral.

À medida que adquirimos maior experiência nesta vida após a morte, aprendemos muitos outros fatos e lições importantes. Por algum tempo, tendemos a acreditar ser necessário andar como fazíamos na Terra, a considerar uma porta como algo que deve ser aberto antes que possamos atravessá-la e a imaginar paredes como obstáculos intransponíveis. Após algum tempo, descobrimos que podemos atravessar qualquer uma destas barreiras supostamente sólidas sem a menor dificuldade, e que, ao desejarmos nos deslocar para um local distante, não há a menor necessidade de *andarmos* até lá. Tudo o que precisamos fazer é desejar intensamente ir àquele lugar; ocorre uma sensação de movimento, e lá estamos nós.

Um dos sonhos mais comuns é o de voar – seja movendo-se através do ar ou deslizando pelo solo, dando apenas um passo ligeiro de quando em vez. Através de perguntas formuladas a audiências, em diversas cidades, apurou-se que entre vinte e cinco e quarenta por cento das pessoas inteligentes têm sonhos que correspondem a esta descrição. Tais sonhos são apenas indicações de que estamos aprendendo a nos deslocar da maneira que é normal no mundo emocional.[5]

---

5 Ver C.W. Leadbeater, *Os Chakras*.

Também percebemos, após a morte, que toda a paixão descontrolada e todo apetite ignóbil, que permitimos nos dominassem durante nossa existência na Terra, constituem algo por que temos *agora* de pagar o preço. Os desejos ardentes que estávamos acostumados a satisfazer sem questionamentos não mais podem ser aplacados porque nossos corpos físicos se foram. Todas as paixões e desejos continuam tão fortes quanto antes, e nada há a fazer agora a não ser suportá-los e deixar que morram à míngua. Deploramos amargamente não termos tido conhecimento disto antes da morte, pois a angústia de um desejo não satisfeito é agora muito mais forte do que quando vivíamos em nossos corpos físicos, pois este é o mundo do sentimento. Qualquer inferno que possa existir após a morte será o que construirmos para nós mesmos através do que fazemos, sentimos e pensamos enquanto na Terra; não somos punidos por qualquer poder externo; privamo-nos a nós mesmos.

O DANO DO LUTO

Vemos também como é inteiramente errado deixarmonos dominar por uma saudade descontrolada daqueles que estão "mortos", pois nós, que agora perdemos nossos corpos físicos com a morte, vemo-nos continuamente sitiados pelos pensamentos quase insuportáveis de luto e saudade apaixonados emitidos por nossos entes queridos, mas desorientados, que deploram nossa morte. É muito estranho, pois ainda que estes mesmos amigos estejam conosco e nos falem enquanto seus corpos físicos estão adormecidos, tão logo acordam pela manhã, retornam à ilusão de que nos perderam e emitem pensamentos amargos durante todo o dia. Nós nos colocamos a seu lado e gritamos que estamos lá, mas eles não nos ouvem nem sequer sentem nossa presença, porque seus sistemas nervosos estão insensíveis e suas atenções estão inteiramente direcionadas para assuntos terrenos. Eles nos tornam, aos mortos, muito infelizes e angustiados com suas atitudes ilógicas e descabidas, e nós só podemos nos sentir aliviados desta situação intolerável quando eles começam a *esquecer-nos* e pensar sobre outras coisas. Não se iludam: a saudade ou o luto não agradam aos "mortos"; só os torna infelizes. Porque as pessoas não conseguem entender que todo este lamento é *errado*, que o sofrimento descontrolado torna a vida para nós, que vivemos no mundo emocional, um inferno e que, na realidade, não há qualquer separação, pois aqueles que nos amam estão conosco todas as noites enquanto seus corpos físicos dormem e repousam. Deus não projetou este mundo para ser uma câmara de torturas. A raiz de todo o sofrimento é a ignorância, se nós, apenas, soubéssemos disso.

EVOLUÇÃO APÓS A MORTE

À medida que os anos passam – contando-se o tempo como se faz na Terra – percebemos que mais belas e radiantes regiões deste mundo emocional se descortinam perante o nosso assombro, e surpreendemo-nos ao descobrir que sempre estivemos imersos neste espaço glorioso, mas não o sabíamos devido a uma peculiaridade do corpo emocional. Parece que ele só é capaz de reagir às vibrações do mundo emocional à sua volta de acordo com o grau de sensibilidade da matéria em sua *superfície.* Caso esta camada superficial seja grosseira, sentimos apenas as vibrações características dos níveis mais lentos do mundo emocional; caso seja sutil, então as vibrações mais rápidas dos níveis superiores farão chegar suas mensagens à nossa consciência.

Foi-nos ensinado que uma curiosa redistribuição da matéria do corpo emocional ocorre imediatamente após a morte. Através de um esforço instintivo do corpo emocional, a matéria que o compõe é arrojada em camadas concêntricas, as mais grosseiras na parte externa, as mais sutis no interior, com diversas gradações entre uma e outra. Este reagrupamento é desnecessário, e podemos interrompê-lo caso tenhamos consciência de que está ocorrendo. Mas se não o sabemos, o corpo emocional instintivamente redistribui sua matéria desta forma e assim prolonga a sua existência.

Este reagrupamento faz com que somente tenhamos consciência no nível do corpo emocional que corresponde em densidade à matéria na superfície deste mesmo corpo. Assim, porque nossa vida na Terra pode não ter sido o que deveria, não temos, a princípio, em muito alta conta o mundo emocional, pois por algum tempo nos limitamos a um nível relativamente baixo. Na verdade, alguns de nós poderemos nos sentir relativamente desconfortáveis por certos meses por termos armazenado uma considerável quantidade de matéria densa em nossos corpos emocionais através de hábitos pouco saudáveis e dieta incorreta. Quando finalmente esta camada é desgastada, tornamo-nos conscientes de regiões muito mais agradáveis.

O descortinamento de novos horizontes de beleza e contentamento ocorre continuamente com todas as pessoas à medida que as partículas mais densas são aos poucos eliminadas do corpo emocional. E após termos vivido neste mundo por vários anos, nosso interesse por assuntos terrenos arrefece, pois há muitas coisas mais interessantes com que se ocupar aqui. Conquanto ainda amemos as pessoas que continuam encarnadas, entendemos que elas precisam viver suas vidas como nós vivemos a nossa e que, na verdade, nós as estamos atrapalhando quando tentamos interferir. Além disso, à medida que nos tornamos conscientes dos níveis mais belos do mundo emocional, as réplicas de objetos materiais tornam-se gradualmente menos proeminentes e então, pouco a pouco, perdemos contato com a vida terrena e voltamos nossa atenção para fatos mais elevados e importantes. Tornamo-nos mais introspectivos e começamos a aprender sobre o valor de nossos próprios pensamentos.

A VIDA NO CÉU

Por fim chega um momento em que paulatinamente despertamos para uma nova dimensão de vida e cor que seria impossível descrever em palavras. Tão intensa é a nossa bem-aventurança que nem nos damos conta de termos nos livrado do inútil corpo emocional – que rapidamente se desintegra – e estamos vivendo em nosso radiante corpo mental no mundo celestial. Nas palavras de alguém que aprendeu a elevar a consciência, mesmo enquanto ainda funcionando no cérebro, até este mundo sublime, o indivíduo que atinge o mundo celestial "desperta para uma sensação indescritível de alegria, de beatitude incomensurável, de paz que ultrapassa o entendimento". As melodias mais suaves se fazem ouvir em torno dele, matizes delicados saúdam seus olhos recém-abertos, o próprio ar parece música e cor, todo o seu ser inunda-se de luz e harmonia. Então, através de névoa dourada, emergem suavemente os rostos amados na Terra, eterizados, intocados pelas preocupações e paixões dos mundos mais inferiores. Quem pode imaginar a beatitude deste despertar, a glória do primeiro amanhecer do mundo celestial?

Muitos séculos podem ser despendidos neste mundo de felicidade, com a ocupação de assimilar as experiências adquiridas na Terra, transmutando sua essência em sabedoria e discernimento. Este mundo é nosso verdadeiro lar, e aqui usufruímos do produto de nossa visita à Terra. O tempo passado aqui é um período de crescimento interno, e o alimento consumido é a colheita de bons pensamentos, emoções e aspirações que semeamos durante a vida na Terra. A vida celestial é de intensa, genuína felicidade, sem nem mesmo a sombra de uma tristeza.

Após um período no mundo celestial inferior, cuja duração é determinada pelo estágio de evolução que alcançamos enquanto almas e pelo volume de experiência que adquirimos durante nossa vida terrena, chega um momento em que já meditamos sobre cada fragmento de experiência, realizamos cada uma das aspirações espirituais, vivenciamos cada alegria e executamos todo o possível e imaginável neste mundo. Neste momento, o agora inútil corpo mental se extingue, e nossa consciência subitamente se expande no sentido de nossa alma imortal, nosso verdadeiro Eu interno. Então percebemos nossa natureza divina; recordamos o longo caminho percorrido para alcançar nosso presente estágio evolutivo; e lembramo-nos das vidas passadas que tivemos na Terra; pois o corpo causal é repositório de todas as lembranças e nunca se esquece, ainda que o cérebro e a mente inferiores possam ignorar o passado.

RETORNO AO NASCIMENTO

Por períodos variáveis de tempo, vivemos nessa condição de pura consciência anímica. A alma pouco desenvolvida tem apenas um lampejo desta condição grandiosa; um grande filósofo poderá desfrutar deste estado por anos ou mesmo séculos. Mas, em todos os casos, chega inevitavelmente o momento em que desperta a sede por mais experiência, por atividade, por conhecimento maior de detalhes, *como só podem ser adquiridos na Terra*, e com este desejo manifestado, a alma volta à sua consciência novamente na direção dos mundos inferiores. Primeiro ela atrai à sua volta uma nuvem de matéria do mundo mental inferior, com a qual, durante a infância de seu futuro corpo físico, ela molda um corpo mental; então, atrai uma nuvem de matéria do mundo emocional, que mais tarde irá modelar em um corpo emocional; por fim, ela se liga a um corpo fetal provido por pais com os quais a alma formou vínculos em vidas anteriores na Terra. E é assim que se inicia uma nova encarnação quando a criança nasce, uma criança com seus corpos mental e emocional ainda não organizados, através dos quais, à medida que os anos passam, a velha alma por detrás está apta a manifestar cada vez mais seus poderes.

5

EVOLUÇÃO ATRAVÉS DA REENCARNAÇÃO

A alma encarna diversas vezes para adquirir experiência, e cada indivíduo tornar-se-á por fim e ao cabo, não apenas um gênio em algum campo do conhecimento ou atividade humana, mas um ser perfeito, pronto para a plena divindade consciente.

Annie Besant e C.W. Leadbeater
Talks on the Path of Occultism

A ESCOLA DO MUNDO

Um dos mais esclarecedores e úteis ensinamentos de Teosofia é o de que esta Terra, com todas as suas atividades e interesses é, na verdade, uma grande instituição educacional na qual milhões de almas e incontáveis outras criaturas estão recebendo a instrução de que necessitam para o seu crescimento. Sabemos que existe um número muito maior de seres interessados na vida da Terra do que todos os que aqui estão encarnados num mesmo período de tempo, mas que são todos capacitados a adquirir a experiência de que precisam fazendo uma periódica visita a esta Terra, entrando assim em contato com as lições ensinadas pela civilização.

Assim, cada vida passada aqui é apenas um dia na grande vida da alma, e a cada vez que retornamos, recomeçamos nossas lições de onde paramos, auxiliados, evidentemente, por algumas lições em casa – pois o Céu é a casa da alma. A alma jovem começa a educação no jardim da infância da vida; o indivíduo espiritualmente desenvolvido aproxima-se da graduação nesta escola do mundo; o resto de nós quedamo-nos em algum momento entre esses dois extremos. Recolhemos muita experiência nas centenas de vidas passadas – é por isso que estamos no estágio em que estamos; e, no futuro, novas vidas ajudar-nos-ão a completar e aperfeiçoar nossa educação.

A esta visão da vida e à evolução da alma chamamos "reencarnação" ou "renascimento" – e, de uma forma mais ou menos pura, esta é a filosofia prática de milhões de seres humanos hoje, especialmente no Oriente. Enquanto conceito filosófico é mais antigo que a humanidade e, aparentemente, chamou a atenção, por sua lógica e inerente razoabilidade, de muitos dos grandes luminares do pensamento durante todos os períodos da história.

A LÓGICA DOS ESCOLARES

Ainda hoje, muitas pessoas, quando, pela primeira vez, ouvem falar de reencarnação, rejeitam a idéia sem qualquer consideração e exclamam: "Que crença terrível! Tenho certeza de que não gostaria de retornar!" E, por alguma razão, tais pessoas, que seriam em qualquer outro contexto bastante sensíveis, parecem pensar que sua mera negativa em aceitar a reencarnação torna-a inverídica e desnecessária.

Mas será que nossa aversão ao ensinamento o torna desnecessário? Será que a reação do menininho, que é mantido na escola por seus pais, torna sua educação, em qualquer medida, menos essencial? Anos mais tarde, este mesmo garotinho não encararia sua rebelião com um sorriso de condescendência para sua visão limitada? E será que nós, enquanto almas, não nos voltaremos para este tempo, quando estávamos tentando evitar as lições inestimáveis da vida, e não sorriremos de nossa própria ignorância e falta de entendimento quanto ao propósito da existência?

Estaríamos nos opondo à reencarnação *propriamente dita*? Suponhamos que este mundo fosse um paraíso glorioso no qual a dor, o sofrimento e os problemas fossem desconhecidos. Quando a morte nos chamasse, não nos desesperaríamos em deixar esta Terra de bem-aventurança? Se alguém nos aventasse a hipótese da reencarnação, não nos aferraríamos à possibilidade e pagaríamos para retornar à Terra? Se formos inteiramente honestos conosco mesmos, deveremos admitir que não temos objeção quanto à reencarnação simplesmente enquanto um processo de nascer outra vez; o que queremos evitar são os muitos julgamentos, dificuldades e sofrimentos da existência física; queremos escapar da experiência, não do renascimento!

Contudo aquelas mesmas experiências que tentamos evitar, aqueles mesmos sofrimentos e dificuldades e julgamentos, ensinaram-nos algumas das maiores e mais profundas lições e forçaram-nos a despertar muitos poderes de consciência e vontade que de outra forma jamais teriam sido estimulados à atividade. As dificuldades do processo de civilização transformaram-nos no que somos, enquanto a facilidade e o luxo somente solapam nossa coragem e amortecem nossa iniciativa. Uma pessoa que nunca tenha sofrido ou falhado ou sentido dor é uma pessoa sem muita solidariedade, compaixão ou compreensão real da vida.

Obviamente, portanto, nossas objeções emocionais à reencarnação são irremediavelmente ilógicas e infantis e, como pessoas ponderadas, não deveríamos permitir que nossa aversão ao processo de aprendizado nos obliterasse a razão e o bom senso.

A LÓGICA DA REENCARNAÇÃO

A idéia da reencarnação é extremamente lógica, quer admitamos que seja um fenômeno da Natureza ou não. Ela oferece à alma em desenvolvimento, não os parcos ganhos de uma única vida na Terra, mas experiência ilimitada em diversas estações da vida e sob todas as circunstâncias possíveis. Nem um único fato pode nos ocorrer que não ofereça algo de valor para o crescimento, por menor que seja a gota de sabedoria que dele se possa destilar.

Variando as condições de nascimento e a atividade, de uma vida para outra, evita-se o desenvolvimento desequilibrado, e um conhecimento completo do mundo pode ser obtido. Assim, se esta vida que hoje vivemos é apenas uma em uma série, tal experiência, não importa o quão trivial, é valiosa; mas se esta for a única vida que viveremos na Terra, então devemos francamente admitir que muito do que experimentamos e aprendemos aqui é praticamente inútil para o futuro, pois o conhecimento adquirido teria valor apenas na Terra e não em qualquer mundo celestial. Se nós retornamos, podemos fazer bom uso daqueles conhecimentos, caso contrário muitos dos nossos esforços e lições aprendidos a grande custo terão sido apenas tempo perdido.

Além do mais, qual seria o valor da existência física para uma alma que habitasse o corpo de uma criança por poucas horas ou o corpo de um criminoso nascido e criado nas favelas? Se não vivemos mais de uma vida, não há explicação satisfatória; mas se esta vida é uma de muitas, arranjadas em escala ascendente, podemos identificar, nas duas condições mencionadas, o pagamento de uma dívida, em um dos casos, e os primeiros esforços de uma alma ignorante e primitiva, no outro.

EQUÍVOCOS COMUNS

Um dos equívocos mais comuns no que concerne à doutrina da reencarnação, que impede que pessoas sensatas considerem a idéia, é o de que ela ensina o retorno de um ser humano ao corpo de um animal – que na próxima vida poderíamos nascer como um cão ou um cavalo! Este ponto de vista é obviamente tão absurdo que parece descabido mencioná-lo; contudo, pessoas que deveriam saber melhor, utilizam-no seriamente como argumento contra a reencarnação. É tão insensato sugerir a transferência de um estudante universitário para o jardim de infância para recomeçar sua educação quanto imaginar uma alma humana renascendo no corpo de um animal. A Natureza nunca é tão irracional!

O progresso é para a frente, não para trás; portanto, à medida que evoluímos, sempre regressamos em corpos humanos, cada qual um pouco melhor que o anterior. Por vezes, é verdade, devido a algum erro lamentável, podemos, por uma encarnação, retornar ligeiramente sobre nossos passos e encarnar em um corpo menos desenvolvido e sob condições menos favoráveis. Mas este movimento retrógrado é apenas aparente, não real, como o movimento inverso de um redemoinho na corrente de um rio não altera seu curso original.

Outro equívoco é o de que renascemos imediatamente. Investigações cuidadosas demonstraram, contudo, que isso raramente acontece, e que o intervalo normal entre uma vida e a outra varia entre um período de alguns de anos no caso de uma alma pouco desenvolvida e até dois mil ou mais anos no caso daquelas muito mais desenvolvidas. A extensão deste intervalo depende fundamentalmente do volume de experiências adquiridas durante a vida na Terra, e isto, por sua vez, depende de três fatores:

(1) A duração da vida física – quanto mais longa a vida, maior a experiência.

(2) A qualidade da encarnação. Algumas vidas são tranqüilas e plácidas enquanto outras são repletas de aventuras e repletas de acontecimentos. As últimas, obviamente, fornecem mais experiências.

(3) A idade da alma. Não iniciamos nossa evolução ao mesmo tempo e podemos, portanto, estar classificados em estágios, como crianças em uma escola; assim, não estamos todos com a mesma idade educacional. Quanto mais velha a alma, menos ela se envolve em buscas exclusivamente materiais e mais se interessa por assuntos mentais, morais e espirituais. Naturalmente, atividades do último tipo, visto que são expressões de nossa vida mais ampla nos mundos mais sutis, proporcionam-nos mais sobre o que meditar e assimilar durante o intervalo entre uma vida e a seguinte.

TRÊS TEORIAS

Existem três teorias possíveis que explicam a alma antes de ela começar sua vida aqui com o nascimento.

(1) Foi criada por Deus quando do nascimento – um ponto de vista comumente preconizado nos países cristãos. Esta é a teoria da criação especial.

(2) Existia antes do nascimento em algum estado espiritual mas nunca habitou a Terra. Esta é a teoria da pré-existência.

(3) Viveu muitas vezes antes na Terra, e suas capacidades e habilidades são o resultado de experiências passadas. Esta é a teoria da reencarnação.

Uma dessas três teorias deve estar correta, e é nosso dever estudar cuidadosamente os fatos da vida até que possamos determinar qual delas é verdadeira. Se amamos a verdade, os preconceitos não nos devem obliterar a visão, nem tampouco as crenças tradicionais, jamais questionadas por determinados grupos, deveriam impedir-nos de formar nossas próprias opiniões independentes.

JUSTIÇA DIVINA

Um dos problemas mais difíceis para uma pessoa humana resolver é a conciliação entre a terrível injustiça de muitas das condições deste mundo e a crença na perfeita justiça e amor de Deus. Algumas almas nascem em favelas e nada lhes é ensinado a não ser crimes; outras nascem no seio de famílias refinadas e são afetuosamente protegidas por seus pais e mães amorosos. Por quê? Algumas nascem em corpos aleijados e doentes, outras em corpos perfeitos. Por quê? Algumas nascem como idiotas enquanto outras são dotadas de brilhante potencial intelectual. Novamente, por quê?

Podemos, é claro, explicar estas condições satisfatoriamente com base na hereditariedade física e na responsabilidade dos pais, mas isso tornaria a situação mais justa no que concerne às *almas* em si? São elas que sofrem, não os pais, e para entendermos a justiça Divina no mundo, precisamos entender por que elas sofrem.

Muitas pessoas não estão dispostas a admitir que Deus seja injusto e, portanto, como são incapazes de justificar os fatos reais que lhes são claramente evidentes, acabam por recorrer ao argumento de que todas estas condições são conseqüências de uma *inescrutável* Providência, cujos caminhos não se podem questionar. Isso, é claro, não é uma explicação para as condições; é, sim, uma confissão de ignorância. Nem existe qualquer base para esperança à luz das duas primeiras teorias, uma conclusão expressa por muitas pessoas que alegam que, conquanto existam indubitavelmente muitas injustiças e sofrimentos imerecidos no mundo, a morte certamente acertará tudo e receberemos a devida recompensa do outro lado do túmulo. Existe qualquer fundamento para esta esperança? Se Deus criou um mundo tão imperfeitamente concebido que uma injustiça feroz prevaleceu por todo lado, como poderemos estar certos de que o mesmo estado de coisas não prevalecerá após a morte?

JUSTIÇA E REENCARNAÇÃO

Mas existe uma linha de raciocínio que nos tira desta situação intolerável e elimina todos os nossos problemas humanos. Podemos reduzir este raciocínio a uma afirmação muito simples:

A vida é injusta se vivenciamos qualquer sofrimento imerecido ou felicidade indevida.

Não nos é devido nem merecido muito do que nos vem nesta vida.

Portanto, se existe um Deus justo, devemos ter vivido no mundo antes e, durante este tempo, deflagrado as causas que agora controlam as circunstâncias.

Podemos expandir esta linha de raciocínio e abordar o problema por um ângulo ligeiramente diferente:

Esta vida é um inferno caso sejamos as vítimas inocentes de um Poder tão impiedoso, injusto ou fraco que seja incapaz de controlar o mundo que criou.

A não ser que nossa capacidade, habilidade e oportunidades que nos chegam sejam o resultado direto de nossos próprios esforços e, portanto, merecidas, nós seremos tais vítimas.

Mas se não somos vítimas, e tais condições foram provocadas por nós mesmos, então devemos ter vivido antes na Terra, ou em alguma condição exatamente semelhante à existência física, que nos permitisse ter semeado as sementes que agora estamos colhendo.

Se nos recusarmos a trair nossa intuição de que Deus seja absolutamente justo, é inevitável a conclusão de que a reencarnação é a teoria verdadeira com relação à alma. A Teosofia é incontestável quando afirma que não existe injustiça em parte alguma do Universo, e que cada fato da vida – quando somos capazes de ver o todo – é na realidade parte do trabalho de uma lei perfeita de causa e efeito, impecável em sua justiça. Consideramos um fato injusto porque observamos os resultados e somos incapazes de retornar as páginas da história para ver sua causa.

OUTROS ARGUMENTOS

Mas há ainda outros fatos que indicam ser a reencarnação uma lei da Natureza. Observe as enormes diferenças nas faculdades mentais e morais entre uma pessoa e outra. A educação e o meio não podem ser responsáveis por toda a diferença. A alguém que tenha crescido num ambiente tribal, sem ter sido tocado por qualquer vestígio de civilização, poderão ser ensinados hábitos modernos, e ele poderá ser deslocado para ambiente mais favorável. Conquanto houvesse sensível progresso, o desenvolvimento de tal indivíduo não seria semelhante ao de alguém que houvesse nascido e sido criado com as mesmas vantagens.

Não é uma questão apenas de hereditariedade física. No caso de gêmeos, nascidos exatamente sob as mesmas influências pré-natais, as diferenças mais surpreendentes em habilidade e caráter são freqüentemente observadas após alguns anos. Este não seria o caso se hereditariedade física fosse o único fator atuante.

Se entendermos que as almas em si diferem em experiência, que algumas estão apenas iniciando sua educação enquanto outras estão próximas à graduação, então estas diferenças são fácil e logicamente explicáveis. Não há dúvida de que a hereditariedade física desempenha um importante papel no que concerne à qualidade e aparência de nossos corpos físicos, mas nós nascemos com nossas qualidades mentais e emocionais na forma de faculdades inatas.

De onde vêm as faculdades do professor, orador ou líder nato? Com freqüência, nem os pais nem mesmo os ancestrais as possuem. Como explicar a ocorrência de um Napoleão, um Shakespeare, um Wagner? A mais acurada pesquisa de suas ancestralidades deixa-nos mais intrigados que antes, caso apenas a hereditariedade física seja considerada.

Qual a origem do gênio? Pode a água erguer-se mais alta que sua fonte? Se não, por que deveriam os descendentes ser maiores que seus pais e ancestrais? Mas se os gênios forem velhas almas, que tenham desenvolvido enorme capacidade em determinada área – música, teatro, pintura, matemática – então não precisaremos esforçar-nos para aplicar a teoria da hereditariedade física a fim de explicar sua aparição no mundo. A reencarnação também demonstra por que os filhos e filhas de gênios não são iguais a seus pais. Os gênios apenas transmitem suas peculiaridades físicas aos seus descendentes, nunca seus talentos inspiradores, que são os poderes da alma.

LEMBRANÇAS DE VIDAS PASSADAS

Uma objeção com freqüência levantada contra a idéia da reencarnação é a de que se tivéssemos vivido antes, teríamos lembranças do passado. O argumento que o contestador tem em mente é mais ou menos o seguinte: lembramo-nos de tudo o que vivenciamos; não temos qualquer recordação das vidas passadas; portanto, não vivemos antes.

Este raciocínio é extremamente falho pois não considera que, fisicamente, esquecemo-nos das experiências muito mais do que nos lembramos delas. Quantos de nós nos recordamos do que fizemos e dissemos há doze anos atrás? Nenhum. Quantos de nós nos lembramos de tudo o que fizemos na semana passada, ou mesmo ontem? Dos acontecimentos principais, sim, mas não dos detalhes. Por quê? Porque a lembrança se perdeu para sempre? Não, apenas porque o cérebro físico não se recorda. Se formos lançados em um estado de transe hipnótico por um psicólogo, poderemos facilmente ser auxiliados a recordar tudo o que fizemos no passado – a extensão da capacidade de recuperar estas velhas memórias dependerá da profundidade do transe. *Esta é a prova absoluta de que cada um de nós possui milhões de lembranças das quais o cérebro físico não retém absolutamente qualquer traço.* Obviamente o argumento assacado contra a reencarnação não tem base, uma vez que poderá existir uma profunda camada de nossa consciência na qual persistam as lembranças de outras vidas na Terra – lembranças inteiramente ignoradas pela consciência desperta.

Esta é, pelo menos, a afirmação dos pesquisadores teosóficos, e suas conclusões são sustentadas por numerosas experiências em regressão hipnótica nas quais lembranças de vidas passadas estavam de acordo com fatos acerca da época histórica da suposta encarnação. Além disso, não se deve esquecer de que algumas pessoas se recordam de suas vidas passadas, ao menos em parte, e, ao afirmarmos isso, não temos em mente aquelas pessoas que imaginam ter sido Antônio ou Cleópatra ou outro personagem romântico. As crianças algumas vezes têm lampejos de outras vidas e tentam nos falar sobre elas, mas nós rimos e consideramos como fantasias, e a criança logo se esquece, especialmente à medida que cresce, e o tecido cerebral torna-se menos sensível à "memória distante", como tem sido chamada. Ian Stevenson, psiquiatra da Universidade da Virgínia, procedeu a cuidadosos estudos e verificou diversos casos deste tipo.

A reencarnação não é um processo interminável, do mesmo modo como não freqüentamos a escola por toda a nossa vida. Ele cessa quando já aprendemos todas as principais lições que este mundo pode nos ensinar e atingimos o estágio de perfeição. Aí então estamos prontos para assumir as responsabilidades maiores e iniciar o trabalho mais amplo para o qual nossa educação na escola do mundo nos preparou, pois assim como nos lançamos ao mundo após o final de nossos dias na escola, também nos aventuramos em um campo mais abrangente após se terem encerrado nossas muitas vidas na Terra. A analogia é exata.

6

O PROBLEMA DO DESTINO

... o karma que você está criando a cada dia está modificando todos os resultados do karma do passado. É uma criação contínua, e não algo que está aguardando por nós; não é uma espada pendurada sobre nós que pode cair-nos em cima a qualquer momento.

Annie Besant
A Vida Teosófica[6]

A FINALIDADE DA EXPERIÊNCIA

Avaliamos a vida por padrões falsos, pelo prazer e pela dor, e não pelo crescimento. Se a vida é agradável, bendizemos o destino; se é desagradável, amaldiçoamo-lo, nunca considerando, em ambos os casos, se crescemos através das experiências com que nos deparamos. O destino é o plano da Natureza para a educação; ela não está tentando nos agradar, fazer passar o tempo, fornecer-nos uma ciranda contínua de prazeres; seu objetivo é ensinar-nos. É por isto que precisamos trabalhar, suportar privações, preservar o que conseguimos. Lições severas, é verdade, mas maravilhosamente eficientes em seus resultados, pois ensinamentos tais como os que recebemos na Terra produzem homens fortes e mulheres corajosas, não poltrões. Embora as vidas sejam gastas no

---

6 Texto da obra *A Doutrina do Coração,* Ed. Teosófica.

aprendizado de lições, estas são, por fim, vencidas, pois neste mundo-escola não há reprovações.

O destino, contudo, apresenta muitos problemas, e o maior dentre eles, é descobrir as causas da determinação que nos trazem a nossos pais, especificam nossas oportunidades, calibram nossas habilidades e moldam nossas vidas. Até certo ponto este problema foi abordado no capítulo anterior, mas precisamos ir adiante. Ao longo dos séculos, três respostas foram propostas para explicar o destino humano. Consideremos estas respostas uma a uma.

DESTINO, A VONTADE DE DEUS

A primeira resposta é que nossas vidas são moldadas pelos ditames de algum Ser que é o regente do Universo. Ao seu comando todas as coisas avançam ou são contidas. Seríamos como marionetes manejadas por uma mão invisível em um palco; nós agimos, mas as cenas, os atores, nosso próprio caráter e os eventos que se sucedem são todos determinados por Ele. Se Ele quiser, seremos aclamados por nossos companheiros. Se for Sua vontade, seremos desfavorecidos e humilhados. Nenhum esforço poderá modificar nosso destino; isso depende Dele. Nem conquistamos a felicidade, nem merecemos nossa cota de sofrimento, pois nossos destinos são decididos acima de nós.

Esta poderia ser considerada uma afirmação exagerada de um ponto de vista particular; no entanto é exatamente o que está implícito na aceitação resignada de quem murmura, como muitos de nós já o fizemos, após sofrer um golpe, "Seja feita a Vossa vontade". Porém como é difícil imaginar que tudo o que vemos acontecer ao redor seja a vontade de Deus. Perguntamo-nos se é verdade que Ele cega crianças, parte o coração dos homens fortes, permite que pessoas sejam mandadas para prisões, embora inocentes de um crime, cria um mundo no qual almas recém-saídas de suas mãos podem nascer em corpos aleijados ou idiotas e bebês podem tornar-se enfermos pelos pecados de seus *pais*. Se não ousarmos ir ao extremo de dizer que Ele faz tudo isso, estaremos apenas evitando o inescapável resultado de uma aplicação coerente desta resposta ao destino.

Mas se Deus deliberadamente causa este sofrimento ou *mesmo permite que ele aconteça* às almas em questão, sem uma justificativa, como podemos reverenciá-Lo? Que finalidade há nisso tudo? Não sabemos por que viemos para cá; não sabemos para onde vamos; e durante nossa estada na Terra somos tratados de maneira injusta. O futuro é incerto, sem perspectivas, pois se Ele permite ao destino que esmague nosso vizinho, porque não permitiria que o mesmo curso adverso nos adviesse? Devemos submeter-nos a qualquer capricho pois o destino não pode ser controlado por nós, apenas por Ele.

Seria esta uma resposta satisfatória para o problema? Definitivamente não o é, e, por certo, é aceita cegamente por tantos apenas porque eles se recusam até mesmo a pensar sobre sua desarrazoabilidade, acreditando que não existe outra solução e temendo que, se se entregassem ao mar tempestuoso da dúvida, eles poderiam perder-se.

DESTINO, O RESULTADO DO ACASO

De acordo com a segunda resposta ao problema do destino, a vida é apenas o produto das circunstâncias, o resultado do acaso. Poderá ou não existir um Deus, mas, se existir, Ele não se preocupa muito com o mundo que criou e pode, portanto, ser deixado de lado no que concerne ao destino. Podemos nascer no casebre de camponeses ou na casa de pais refinados, pois não há escolha ou lei que governe o nascimento, e a alma deve aceitar o que recebe. Os corpos humanos nascem porque seus pais foram arrebatados pela paixão. Nada fizemos para merecer nossas condições de nascimento ou meio; na verdade, do ponto de vista desta resposta ao destino, é absurdo falar de fatos da vida como se tivessem qualquer propósito; eles apenas acontecem. Regras do acaso – a sorte é soberana.

Com certeza, nunca podemos estar seguros quanto aos resultados. Poderemos labutar por anos apenas para fracassar no final, ou poderemos vencer por um golpe de sorte. Toda a discussão sobre punições e recompensas é ociosa. Não somos mais que jogadores girando a roda da fortuna; se escolhemos a cor certa, ganhamos; se cometemos um erro, perdemos. Tudo o que podemos fazer é empenharmo-nos em ganhar e, então, aguardar ansiosamente o novo giro da roda, pois não existe lei, nenhuma certeza.

Esta é sem dúvida uma fundação instável sobre a qual construir a estrutura da vida, e, no entanto, é a insensata filosofia de muitos. É estranho como por vezes somos ilógicos, pois a Natureza apresenta-nos leis imutáveis. A Ciência só é possível porque a Natureza está organizada na forma de leis, não ao acaso. Por que, então, quando se trata de eventos humanos e da existência humana, devemos colocar tudo em um compartimento e rotulá-lo "Lei e Ordem"? É ilógico e absurdo proceder assim, pois claramente as leis devem governar todas as coisas, humanas ou não-humanas, grandes e pequenas.

DESTINO AUTOPRODUZIDO

A terceira resposta para o problema do destino afirma que nós, enquanto almas imortais, somos forjadores e senhores de nossos próprios destinos porque acionamos e acionaremos todas as forças que moldam as circunstâncias em que vivemos. Este é o ponto de vista aceito e ensinado pela Teosofia. Ele nos diz que ninguém é responsável, exceto nós mesmos, pelas condições do nosso nascimento, nosso caráter, nossas oportunidades, nossas habilidades, pois tudo isso se deve ao trabalho de forças postas por nós em movimento, seja nesta vida ou em vidas pregressas. Assim, todas as condições presentes são devidas ao passado imediato ou remoto, pois, para usar a luminosa símile de São Paulo, estamos fazendo a colheita do que cresceu da semente que plantamos antes: "O que quer que um homem semeie, ele também colherá".

Das sementes de boas e más ações eclodem as colheitas de circunstâncias materiais agradáveis e desagradáveis; das sementes de atenção às pequenas oportunidades provém a colheita de oportunidades maiores; das sementes de bons e maus pensamentos e desejos brota a colheita do bom ou mau caráter.

Tais resultados são tão inevitáveis quanto a queda de uma pedra à terra após ter sido lançada no ar. Somos o que somos em conseqüência dos nossos desejos, ações e pensamentos passados. Não há favoritismos na Natureza; precisamos conquistar o que recebemos. Uma vez que esta idéia tenha sido compreendida, a inveja e o ressentimento tornam-se impossíveis e deixamos de amaldiçoar inutilmente o destino.

DESTINO E DEUS

Esta concepção de destino não elimina Deus do mundo; nossa concepção de divindade torna-se muito mais ampla do que antes. Ao invés, porém, de um mundo tão imperfeitamente concebido que Ele tenha de interferir todo o tempo para corrigir o rumo das coisas, percebemos que o Universo, mesmo nos mais ínfimos detalhes, é perfeito em seu funcionamento porque é dirigido por leis naturais e morais sofisticadamente equilibradas. Quando estas leis são transgredidas, vem o sofrimento; quando obedecidas, a felicidade é conquistada. Em razão disso, nos é possível discernir o certo do errado.

AS LEIS DA NATUREZA

Por vezes, ao perceberem apenas parcialmente esta concepção de destino, as pessoas exclamam: "Mas por que estas leis implacáveis do destino devem fazer-nos sofrer por algo de que já esquecemos?" Como esta pergunta natural contém diversos equívocos, será necessário analisá-la cuidadosamente no intuito de adquirir uma clara compreensão daquilo que ela implica.

Em primeiro lugar, o que entendemos por uma "lei da Natureza"? Certamente não no sentido daquelas leis semelhantes àquelas emanadas a cada ano de nossas centenas de casas legislativas. Uma lei da Natureza é apenas uma condição, uma inevitável seqüência. Se alguma coisa é feita, o resultado será tal, e o resultado nunca muda. A inevitabilidade é a principal característica da lei natural. Nas mesmas condições de pressão atmosférica, o calor *sempre* fará a água ferver a uma determinada temperatura. Não fosse pelo caráter inevitável da lei natural, a Ciência seria impossível, e como nunca poderíamos saber o que esperar, as engrenagens da indústria cessariam de se mover. Não poderia esta mesma inevitabilidade se aplicar igualmente às leis morais? Se esse for o caso é óbvio que, se em vidas passadas determinadas causas foram detonadas, elas devem produzir seus inevitáveis efeitos, quer nossa consciência *física* se recorde delas ou não.

Não nos devemos esquecer de que a alma sempre se lembra, e enquanto em nossa consciência cerebral contorcemo-nos sob um sentimento de injustiça por conta de algo que tenha acontecido, a alma está comparando o presente resultado com suas causas pretéritas e aprendendo uma lição no processo. O esquecimento físico do passado, portanto, logicamente não deverá ser capaz de afetar o funcionamento de uma lei moral. Se alteramos o equilíbrio da Natureza, ele deve ser restabelecido.

MODIFICAÇÃO DO DESTINO

É sempre possível, contudo, neutralizar-se uma força, direcionando contra ela uma outra, igual em potência e movendo-se na direção inversa. Assim, caso tenhamos cometido erros no passado, somos capazes, até um limite considerável, de modificar os resultados colocando forças neutralizadoras em movimento. Se liberamos um forte pensamento de amor imediatamente após termos, por equívoco, emitido um pensamento de ódio, podemos superar o que de outra forma teria sido o inevitável efeito do ódio. *Esta grande oportunidade de modificar o destino não deveria ser desprezada.*

Seria correto encarar qualquer lei da Natureza como implacável? Diríamos que a gravidade é desapiedada, porque certa vez, enquanto caminhávamos pela margem de um rio, o solo cedeu sob nossos pés, e a gravidade nos arrastou para as rochas abaixo? Claro que não, porque compreendemos que, se a gravidade cessasse por um único instante, haveria uma terrível explosão, e esta Terra seria arrojada ao espaço como uma nuvem de poeira disforme. Chamaríamos a Natureza de cruel por que ela produz uma condição de enfermidade em nosso corpo físico quando nos tornamos relapsos e negligenciamos nossa saúde? Então por que o faríamos se o resultado de alguma falha semelhante de autocontrole, por uma razão ou outra, *não viesse imediatamente mas fosse postergado até uma vida futura*? Não somos a mesma alma e não retemos perfeita memória de todas as vidas passadas, as quais, afinal, são apenas dias em nossa vida maior da alma?

A Natureza é muito sábia ao nos permitir esquecer *fisicamente* o passado e começar com uma "ficha limpa". Quantos de nós ansiamos e rogamos por esta dádiva nessa vida! Lembranças são freqüentemente uma desvantagem e até mesmo um tormento quando acompanhadas pelo remorso. É por esta, entre outras razões, que começamos em branco cada vida na Terra. Além disso, a memória plena de todas as nossas vidas passadas tornaria possível, em considerável medida, antecipar o futuro, porque poderíamos prever as causas que produziriam os próximos acontecimentos. Agora, rememore algum mês ou ano repleto de sofrimento e dificuldades. Teríamos tido a coragem de enfrentar aquele período se soubéssemos o que nos aguardava? Nossa própria ignorância do futuro foi uma enorme vantagem, e como desconhecíamos os eventos até que estivessem efetivamente sobre nós, fomos vitoriosos sobre eles ao final. O conhecimento do futuro, em nosso atual estágio evolutivo, seria uma maldição, não um auxílio, bem como a causa de incontáveis fracassos, enquanto que a ignorância do que está por vir traz o sucesso.

O que de fato trazemos conosco em uma nova encarnação, todavia, é a essência de nossas experiências passadas na forma de faculdades inatas e da voz da consciência. No comércio, toda vez que um conjunto de livros contábeis é encerrado e um outro, aberto, apenas os balanços são levados para o novo livro. Assim, quando iniciamos uma nova encarnação, levamos o *somatório* de nossas experiências passadas na forma mais adequada às necessidades e emergências da vida física; daí aquelas qualidades de caráter, aquela capacidade de realizar; aquelas faculdades inatas que fazem uma criança diferente da outra.

FATALISMO

O destino autoproduzido, freqüentemente mencionado na literatura teosófica como *karma*, não é de modo algum fatalista. O fatalismo sempre implica estarmos encerrados no círculo de ferro das circunstâncias do qual nenhum esforço de nossa parte será capaz de nos libertar. O *karma,* ao contrário, diz que enquanto, na verdade, estivermos presos ao que fizemos no passado, a cada momento que vivemos estamos moldando e modificando o futuro através das decisões e escolhas pelas quais optamos. Liberdade de escolha não significa que estejamos livres para modificar as condições da Natureza da maneira ditada por nossos caprichos, mas estamos livres para escolher o que fazer *dentro* daquelas condições. Se cada um de nós tivesse o poder de modificar o mundo de acordo com nossas diversas fantasias, que inconcebível caos não resultaria!

Uma das condições da Natureza é que, uma vez tenhamos escolhido, devemos enfrentar os resultados de nossa escolha. Desta forma a sabedoria nos é ensinada. Se decidimos pular um muro, nossa queda não será interrompida se desejarmos, na metade do caminho, estar novamente no topo do muro. Se pulamos, temos que chegar ao chão – uma causa é sempre seguida de seus efeitos. Se somos sábios, pensamos antes de pular.

A FILOSOFIA DE OTIMISMO

Esta concepção do destino, uma vez compreendida, resulta em uma filosofia de otimismo. Toda dificuldade que experimentamos é um velho débito pago, e alegramo-nos por isso; ao invés de reclamar ou lamentar, procuramos ansiosamente as lições que cada acontecimento nos oferece. Os amigos que nos cercam foram nossos amigos antes; aqueles que amamos nesta vida estarão novamente conosco muitas vezes no futuro, pois o amor é um laço tão forte que nem mesmo a morte pode desatá-lo.

Não existem metas altas demais para alcançarmos; se colocamos nossos objetivos nas alturas, podem não ser alcançados por muitas vidas, mas um dia, nós os atingiremos, pois tudo o que *queremos* fazer nós podemos. Tudo o que é necessário é voltarmos toda nossa energia naquela direção, agarrarmos cada oportunidade de nos aproximarmos deles. Se isto for feito, não há poder na Terra ou no Céu que nos impeça de alcançá-los.

Poderemos ser embaraçados, é verdade, por erros tolos ou esforços contrários feitos no passado, seja nesta vida ou em outras, mas os efeitos destes erros e esforços deverão com o tempo se exaurir e, da mesma forma, as novas forças que estamos colocando em andamento agora devem produzir seus efeitos inevitáveis. Assim, ao invés de deplorarmos nossos erros passados, nós resolutamente nos lançamos ao trabalho, sob a inspiração desta filosofia, para moldar o futuro à semelhança de nossos mais altos ideais, confiantes de que se a cada momento fizermos o melhor possível, o futuro, imediato e distante, será radiante de felicidade crescente e pleno de oportunidades sempre renovadas. Deve-se confiar na boa lei até o fim.

7

A ESPLÊNDIDA META

As mais altas concepções da Doutrina Oculta implicam que o anseio fundamental da alma individual – para encontrar a Verdade que nela está escondida – é um anseio por encontrar-se a si mesma. Ou, em outras palavras, a Busca e Aquele que Busca são na verdade um. Esta verdade paradoxal sugere que a evolução é um processo cíclico sem começo nem fim... Na evolução da alma humana, a consciência aprisionada na personalidade é progressivamente libertada destas limitações e se expande, passo a passo, na direção daquele estado de liberdade original do qual proveio. Assim, completa-se o círculo, conquanto não sejamos capazes de vislumbrar sua parte superior, que permanece oculta na escuridão do Imanifesto.

I.K. Taimni, *The Theosophist*
Vol. 87, Nº 12, Setembro de 1966

DEUS E O UNIVERSO

Qual a natureza daquela vida mais ampla para a qual o longo processo da encarnação nos prepara? Certamente não será uma existência inativa em algum reino espiritual onde, por toda a eternidade, permaneceremos num êxtase de contemplação devocional. Isso poderá atrair o místico e o santo, que amam a reclusão e a liberação dos contatos com o mundo, mas para o homem e a mulher normais de hoje, uma existência futura de ampla e benéfica atividade seria mais atraente e mais de acordo com o que é aparentemente o propósito de nossa existência física.

Não é verdade que somos muito mais felizes hoje, quando realizamos com sucesso algum trabalho profícuo, criamos algo de útil ou de belo ou somos de utilidade para os outros? Existe, é claro, um prazer passageiro em ganhar um prêmio, receber um presente ou desfrutar de um divertimento ou viagem, mas tal prazer jamais poderá igualar-se em qualidade e intensidade com a felicidade que sentimos quando percebemos que contribuímos com algo de valor para o mundo.

Esta felicidade é instintiva; é a expressão em nós da alegria universal da criação. Podemos ver tal alegria na própria exuberância com que a Natureza modela o diminuto átomo em movimento e a estrela faiscante, as flores multicores e o rochedo escarpado, o líquen rasteiro e as árvores gigantescas, a mariposa esvoaçante e o ser humano laborioso, o coral matizado e a nuvem ameaçadora, a asa do inseto e as nebulosas distantes. A Natureza modela reinos inteiros de coisas vivas com inventividade inexaurível, delicadamente tocando tudo com graça e fascínio, drapejando algumas com nuances sóbrias, outras com cores delirantes, mas sempre, todas, com beleza. Algumas são projetadas em termos de pura geometria, outras com selvagem fantasia, algumas como trabalhos de filigrana, outras com força ilimitada. Ao olharmos atônitos, nossos corações disparam à vitalidade criativa de tudo, e sentimos a alegria de seu divino Inventor à medida que Ele modela plasticamente, forma após forma, em matéria, numa infinita variedade para expressar vida após vida em infinita complexidade. Não devemos depreciar a paixão pela atividade, a admiração pela eficiência, a devoção pela realização, que são características marcantes do indivíduo moderno. Eles são a primeira expressão na raça de um novo sentido de poder, que, ao final, levará ao domínio do mundo físico. De nossos atuais esforços, mal orientados e desequilibrados como freqüentemente o são, advirá com o tempo a verdadeira perícia na ação, que é uma das maneiras de obter conhecimento do Divino. Não devemos encarar tais esforços e ideais como uma fase meramente passageira. Sem dúvida, trata-se de forças há muito represadas eclodindo através da civilização, o resultado da pressão expansiva da evolução.

Não seremos capazes de entender a significação profunda da evolução enquanto imaginarmos Deus separado do Universo, existindo à parte, em algum lugar no espaço, um Criador *externo* produzindo mundos em matéria cósmica. A evolução do Universo não se assemelha à construção de uma casa, porque os artesãos humanos que empunham o serrote e o martelo não são *parte* da casa. Mas podemos comparar um Universo em evolução a um organismo vivo, pois o Universo está vivo e, como no caso de um organismo, a Inteligência norteadora e controlada está dentro, não fora.

Há muito tempo nos foi dito que "n'Ele vivemos e nos movemos e temos nosso ser", e essa parece ser literalmente a verdade. Todas as formas, móveis ou fixas, do microscópico átomo sob nossos pés à estrela mais longínqua, são a *manifestação* da Divindade. Ao fazermos tal afirmação não estamos advogando um grosseiro panteísmo, reduzindo Deus ao nível da matéria, mas alcançando a matéria até Deus, embora não haja dúvida de que a Vida Divina transcenda infinitamente o Universo material.

Falamos descuidadamente da matéria como se ela fosse inerte e morta, mas experimentos científicos comprovam que ela é maravilhosamente sensível, a platina, em especial, reagindo a alterações de temperatura da ordem de 1/100.000 de um grau. Experimentos elétricos também demonstraram que uma barra de aço, longe de ser uma massa fria e morta de metal, é composta de átomos e moléculas que vibram e trepidam mesmo ao contato de um simples dedo com sua superfície.

Ao nos extasiarmos ante o pálio estrelado de uma noite brilhante e observarmos os feixes faiscantes de sóis fulgurando como flâmulas através da abóboda celeste, a imensidão do Universo infunde-nos reverência silenciosa, e percebemos algo da titânica força que deve abarcar os espaços interesterales, mantendo cada estrela cintilante em sua trajetória preestabelecida. E cresce ainda mais a sensação de reverência quando se nos depara o fato de que muitos destes milhões de sóis devem possuir planetas circundantes que abriguem em suas superfícies humanidades vivas semelhantes à nossa. Movida pelo pensamento, nossa imaginação leva-nos às profundezas do espaço, e quando olhamos novamente para o portentoso Universo que acabamos de contemplar, ele se reduziu a um distante aglomerado de estrelas, um dentre milhões de outros aglomerados que flutuam na vastidão silenciosa que nos rodeia. Espaço sem fim, sem topo nem base nem lados; esplêndidos sóis inumeráveis, dispostos em galáxias e colossais massas de galáxias, cada sistema solar o corpo de uma vasta Inteligência, cada conjunto de estrelas a forma de uma Consciência ainda maior, sendo o todo apenas células e órgãos no corpo de Deus, a Consciência Universal. Então compreendemos que devemos abandonar todas as nossas idéias infantis sobre Deus como um magnífico ser humano, e tentar imaginá-Lo como a Vida Universal, a Consciência Ilimitada, o Amor Eterno, a própria fonte e âmago de tudo o que existe. "Tudo o que é, é Deus".

Quando voltamos a contemplar a Terra, a Natureza adquire nova dignidade e um significado mais profundo. Não mais podemos olhar com indiferença para os seus diversos reinos – mineral, vegetal, animal, humano e super-humano – pois entendemos que cada um eclodiu para a vida em virtude da pressão da Vida Divina, brotando *através* da matéria, contendo incontáveis centros de consciência, os quais no reino humano, tornam-se individualizados na condição de almas. Onda após onda desta Vida força seu caminho através da matéria, modelando-a em formas sempre mais complexas, até que do mineral surge o vegetal, do vegetal o animal, do animal o humano, do humano o super-humano.

Cada forma no Universo está em crescente evolução, passando, à medida que transcorrem os séculos, da imobilidade à liberdade, das trevas para a luz, da ignorância para a sabedoria, de um estágio menos perfeito para outro mais perfeito. A perfeição definitiva não é jamais alcançada, pois a perfeição definitiva é Deus, mas cada criatura viva está continuamente tornando-se mais perfeita e, em determinado momento, alcança a perfeição *para o seu estágio de desenvolvimento.* Assim, podemos imaginar um perfeito ser humano, mas quando tal perfeição é atingida, uma meta mais gloriosa é vislumbrada à frente, e quando esta é conquistada, uma nova torna-se visível. O progresso é infinito, portanto, a felicidade é infinita. Ainda que possamos alcançar muita sabedoria, há sempre mais sabedoria a ser alcançada. Ainda que possamos conquistar o verdadeiro amor, há sempre mais amor a ser incorporado, que surge como o amor do coração da Divindade. Ainda que possamos adquirir grande proficiência na ação, maior habilidade ainda é possível, pois estamos sendo ensinados em um mundo construído pelo Mestre do Trabalho.

A alegria torna-se mais intensa à medida que avançamos na Senda evolucionária, porque jamais há fim para as glórias reveladas à nossa progressiva compreensão. O Universo pode ser comparado a um caleidoscópio, tão caro ao coração das crianças, no qual as cenas se diluem em cenas seguintes com crescente beleza e colorido, até que os olhos infantis se iluminam com delícia e expectativa. Assim também ocorre conosco à proporção que nos desenvolvemos, mas no Universo as transformações são infinitas, Deus sempre ocultando-se sob alguma criação mais bela. Em verdade foi dito que "véu após véu será levantado, mas haverá véu após véu por detrás". Este é o deleite da vida, esta a inspiração do progresso, este o eterno mistério da Divindade.

EVOLUÇÃO

"Evolução" é o nome dado àquela porção limitada do incessante progresso ou transformação no Universo que somos capazes de perceber aqui na Terra. Entretanto, nossa compreensão da evolução é freqüentemente distorcida, porque aquela pequenina porção do processo que agora estamos testemunhando é a mais dura e mais penosa de todas. Ela pode ser comparada às aborrecidas horas de prática necessárias antes que alguém se torne um músico habilidoso. Todas as grandes estruturas e conquistas têm degraus a ser alcançados, durante a qual não há beleza, e a paisagem é desagradável. Mas o prédio, no princípio encoberto pelo tosco madeirame, é mais tarde revelado em toda sua beleza. Assim também ocorre com o caráter humano, que está agora sendo construído laboriosamente, bloco por bloco. É muitas vezes desarmonioso porque incompleto, mas existem beleza e possibilidades ilimitadas em cada um de nós, claramente visíveis aos olhos de um Mestre.

Parece não haver limite para os poderes que podemos desenvolver quando nos esforçamos, pois nossa consciência é um raio da Luz divina, e para este raio todas as conquistas são possíveis, mais cedo ou mais tarde. Podemos imaginar cada alma como uma lente através da qual o raio de Luz universal está brilhando, de tal forma que, conquanto sejamos verdadeiramente individualidades espirituais, assim como uma imagem do Sol único projetada através de uma lupa ustória, somos, não obstante, apenas reflexo da grande Consciência única. Não foi dito que fomos criados à imagem de Deus e não recordamos da admoestação: "Não sabeis que sois o Templo de Deus e que o Espírito de Deus habita em vós?".

A NATUREZA DO CRESCIMENTO

Crescimento não é apenas *adição* de qualidades ao nosso caráter; é a estimulação à atividade e expressão de qualidades que sempre possuímos, mas em condição *latente*. O desenvolvimento é, portanto, o desabrochar dos poderes recônditos, assim como a beleza da rosa está oculta no botão. O propósito da evolução – com suas provações e agruras, dificuldades e sucessos, amores e ódios, prazeres e frustrações, luxo e privações – é agitar-nos, persuadir-nos e, se necessário, forçar-nos a despertar para atividade e potencializar as faculdades ocultas e adormecidas da alma, e mostrar-nos como podemos dominar mundo após mundo se apenas nos dispusermos a fazer o esforço.

> "A verdade está dentro de nós; ela não provém
> Daquilo que nos é externo, acredite você ou não.
> ... e saber
> Consiste em franquear um caminho
> Por onde o esplendor aprisionado possa escapar,
> Do que fazer entrada para uma luz
> Que se supõe exterior."

Robert Browning, "Paracelsus".

A maioria das pessoas não está disposta a apreender nem o faz voluntariamente, mas procura passar seus dias em divertimentos e prazeres fugazes. Mais cedo ou mais tarde, a Natureza, nada mais que um aspecto de Deus, considera necessário recorrer a medidas drásticas para ensinar-lhes o que elas precisam aprender. O crescimento é rápido quando assumimos nossa evolução e procuramos cooperar com a vontade divina que conduz ao progresso. Mas o avanço é dolorosamente lento para milhões de seres humanos porque eles simplesmente existem, seguindo mecanicamente uma rotina diária, nunca pensando em buscar o propósito da vida.

Quando vemos ao nosso redor homens e mulheres que são capazes de realizar com facilidade aquilo que não conseguimos e que possuem poderes maiores que os nossos – um caráter forte, um intelecto soberbo, uma elevada espiritualidade, um inspirador poder de realização – não existe motivo para desespero, nada além do desapontamento de uma criança por não estar ainda cursando a faculdade. Tais homens e mulheres nos superaram de algumas maneiras e estão, portanto, mais próximos da meta esplêndida do que nós, mas, se desenvolvermos esforços idênticos, guindar-nos-emos ao seu nível. Poderá levar anos ou mesmo vidas para realizar isso, dependendo do nosso atual estágio de desenvolvimento, mas nada poderá nos impedir de alcançar *qualquer* nível de realização a que direcionarmos nossa vontade.

A META ESPLÊNDIDA

A meta esplêndida não é algo imutável; ela varia com o desenvolvimento de cada consciência ascendente, pois é o próximo passo adiante na evolução de cada consciência. Para um animal inteligente, a meta esplêndida é tornar-se humano, para um ser humano é tornar-se super-humano, um Mestre; para um Mestre é um estágio ainda mais elevado, muito acima da nossa compreensão. Para todos é o fulgurante portal à frente, além do qual descortina-se o panorama iluminado de uma vida mais ampla.

INICIAÇÃO

A iniciação é a indescritível *acolhida* pelos Mestres, os decanos da raça, aqueles homens e mulheres que, através de várias experiências adquiridas durante muitas vidas na Terra, ascenderam ao nível de desenvolvimento onde se aproximam do momento de graduação na escola-mundo. A iniciação é a meta de todo ser humano, e ainda que para milhões sua consecução seja remota, para muitos, que agora estão encarnando, a iniciação está bastante próxima. Um pequeno grupo a alcançará nesta vida, caso tenha tido a fortuna de iniciar seu treinamento enquanto ainda jovem; alguns romperão seu caminho para esta soberba altitude na próxima encarnação terrena, caso tomem *agora* nas mãos as rédeas de suas evoluções; muitos, contudo, alcançarão tal gloriosa consumação da existência física apenas em algumas encarnações mais, caso comecem a praticar diligentemente, *nesta vida* terrena, aquelas regras simples de educação física, mental, moral e espiritual, tão claramente expendidas pela Teosofia.[7]

Para alcançar a iniciação é necessário o auxílio de um Mestre, pois há muitas lições a serem aprendidas e muito treinamento a ser feito, tanto aqui quanto nos mundos invisíveis. Assim, deve-se conhecer algo sobre os Mestres e como atrair sua atenção para que possamos receber a assistência necessária.

Quando uma pessoa, através do longo curso da evolução, atinge a perfeição como ser humano e não está,

7 Aqueles que estejam realmente decididos fariam melhor em obter uma cópia de *Aos Pés do Mestre*, de J. Krishnamurti, e tentar incorporar ao seu caráter os preceitos colocados com tanta simplicidade naquele maravilhoso livro sobre a vida mais elevada. (N.O.)

portanto, sob a obrigação ou necessidade de reencarnar, ele ou ela não se retiram para a absoluta bem-aventurança de algum reino espiritual, deixando a nós, irmãos mais moços, a lutar desassistidos com nossas muitas tristezas, desafios e problemas. O desapego e a compaixão são duas das muitas inestimáveis lições cuidadosamente ensinadas nesta escola do mundo, e todos que nela se graduam são personificações destas duas qualidades espirituais. Dessa forma, aqueles que já completaram a evolução humana, a menos que designados para outra tarefa no sistema solar, permanecem nos mundos invisíveis que circundam a Terra e, de maneira muito poderosa, auxiliam na evolução da humanidade.

O TRABALHO DOS MESTRES

Aqueles que assim permaneceram são freqüentemente chamados "Mestres" (embora no estrito senso o título de "Mestres" esteja restrito àqueles dentre os perfeitos que aceitam discípulos), e formam coletivamente a Grande Loja Branca ou Hierarquia Oculta, a respeito das quais existe, há séculos, uma tradição no Oriente. A evolução de toda a humanidade ocorre sob a orientação cuidadosa desta poderosa organização espiritual, e de inúmeras maneiras os Mestres individuais auxiliam, não apenas a raça como um todo, mas homens e mulheres individualmente, quando são considerados merecedores.

Ainda que muitos dos Mestres estejam fisicamente encarnados, eles vivem reclusos e é raro imiscuírem-se no burburinho da civilização. Seria um inútil dispêndio de energia da parte deles participar de nossas atividades físicas, uma vez que seu benéfico trabalho é realizado quase inteiramente e de forma mais eficiente nos mundos invisíveis. Lá eles podem entrar em contato mais íntimo com os milhares de almas que povoam este planeta e são capazes de melhor auxiliá-los do que lhes seria possível enquanto movendo-se fisicamente dentre nós, pois aqui levamos uma nítida desvantagem em virtude das limitações do cérebro, além de sermos muito menos susceptíveis às forças espirituais.

De tempos em tempos, os Mestres, quando a civilização está pronta, introduzem novos ideais e aspirações nas mentes humanas, enviando poderosas ondas de pensamentos e sentimentos para as correntes mentais dos mundos mais sutis. Estas inundam os níveis mais altos dos mundos emocional e mental e são captadas e repetidas fisicamente por indivíduos receptivos. É por esta razão que ideais estimulantes, idéias poderosas, invenções importantes e padrões morais superiores com freqüência surgem espontaneamente em várias partes do mundo, mais ou menos ao mesmo tempo. A causa de tais entusiasmos súbitos – como, por exemplo, o intenso desejo por paz universal, o radiante ideal de tolerância religiosa, o sonho inspirador de uma civilização cooperativa, o senso de responsabilidade pessoal pelo bem-estar de outros, o sentimento vivificador da necessidade de fraternidade universal – permanecerão para sempre um enigma, até que tenhamos aprendido sobre este trabalho oculto de nossos Mestres divinos.

É raro um dos Mestres vir abertamente ao mundo para propagar – com a competência possível apenas a um Mestre – alguma verdade ou ensinamento importante ou para auxiliar, com sua presença física, uma correção de curso nova e urgente para a civilização. Com maior freqüência os Mestres enviam discípulos ao mundo para influenciar a civilização em alguma direção necessária, seja com sua capacidade de liderança, gênio artístico, sabedoria ao escrever ou eloqüência no falar. O mundo é levado de ideal a ideal, de culminância a culminância, principalmente devido à influência de grandes personalidades. Se nos fosse dado o poder de ver nos bastidores, descobriríamos que muitos dos grandes homens e mulheres da história, tanto recente quanto remota, foram os mensageiros conscientes ou inconscientes dos Mestres.

Por vezes os Mestres consideram necessário estabelecer um movimento ou organização, através do qual possam mais adequada e amplamente transmitir determinados pontos de vista que devem ser aceitos de um modo mais geral antes que a civilização possa dar o próximo passo adiante. Foi com este propósito que surgiu a Sociedade Teosófica, organizada como parcela pequena, conquanto definitiva, do grande plano de auxílio à humanidade – outros movimentos têm seu papel a desempenhar neste plano. Uma das razões importantes, dentre outras, por que a Sociedade existe, é a de influenciar a opinião pública para que aceite diversos ideais espirituais estimulantes, verdades filosóficas úteis, interpretações fundamentais da vida e do destino, informações salutares sobre fatos ocultos, para que a humanidade possa ter uma *adequada* filosofia prática de vida durante as importantes modificações da ordem estabelecida que ocorrem neste momento. A informação teosófica tem sido valiosa em reverter a crescente maré de materialismo que ameaçou, no final do século XIX, tragar toda aspiração espiritual, e também ajudou a restaurar o poder inspirador e purificador de algumas das grandes religiões do mundo – Cristianismo, Hinduísmo, Budismo e Zoroastrismo. Mesmo que a Teosofia, na sua pureza, seja desconhecida da maioria – porque sua imagem é baseada não em estudos, mas em rumores preconceituosos e opiniões distorcidas de terceiros – ainda assim, seus ensinamentos sem rótulos expandiram-se por todos os lados, e muitas das idéias liberais e progressistas, hoje generalizadamente aceitas, foram consideradas peculiares à Teosofia em seus primeiros anos. É através desta lenta absorção de novas idéias que a civilização avança.

Se os Mestres existem e estão orientando a civilização, podemos nos perguntar porque existem tantos crimes, injustiças e ignorância. Devemos entender, no entanto, que os Mestres jamais coagem o mundo ou tentam *forçar* a humanidade no sentido de qualquer diretriz de progresso, por mais desejável que seja. Eles auxiliam na sua maneira poderosa sempre que a menor oportunidade se apresente, e eles constantemente encorajam e estimulam, mas nunca obrigam. Tivessem eles dobrado nossas vontades às suas, esta civilização seria muito mais perfeita do que é hoje. Mas nós ainda seríamos apenas crianças obedientes ao invés de desenvolver, como parcialmente fizemos, a força e iniciativa da autoconfiança. As lições apenas ensinadas nunca se enraízam tão profundamente quanto aquelas que nos são imprimidas pela experiência prática, e é assim que os Mestres nos permitem experimentar e, portanto, testar nossas idéias imperfeitas, concluindo que apenas desta maneira vagarosa – o método da evolução – pode a sabedoria ser alcançada. Erros, fracassos e loucuras são professores mais eficientes que bons conselhos e admoestações.

O objetivo dos Mestres é desenvolver uma civilização em que se possa confiar para fazer o que é certo, custe o que custar, não por preceitos obedientemente observados, mas através de uma sabedoria clara, adquirida em muitas batalhas perdidas contra o erro, a opressão e a injustiça. Eles desejam que a raça humana seja pura, não pela virtude nunca confrontada da inocência, mas por esta virtude ter surgido da vileza do vício, purificada e tornada sábia pelo inevitável sofrimento. Eles planejam que a humanidade seja inteiramente fraterna, não por ignorância do ódio, mas porque teremos aprendido, por meio da experiência da inimizade, egoísmo e competição que nada é mais inestimável que o amor, e que nada poderá ser duradouramente benéfico ao indivíduo se tiver sido adquirido às custas dos outros.

O PODER DOS CONTRASTES

Só aprendemos por contrastes; o certo é percebido em contraste com o errado, a pureza em contraste com a ausência do que é puro, a força em contraste com a debilidade. Este conhecimento é o legado da experiência física, unicamente através da qual tais contrastes são possíveis, e adquiri-lo vale tudo que devemos suportar em nossas muitas encarnações. A experiência é o condão mágico que desperta a semente espiritual da consciência após ter ela sido semeada na matéria.

Poderíamos imaginar uma civilização ideal surgida já totalmente pronta da Mente Divina, que seria maravilhosa, indizivelmente gloriosa. Mas seria composta por uma humanidade de lindos bonecos, que obedeceriam cegamente aos desígnios de seu Projetista, e não uma civilização que, embora menos bela, seria infinitamente mais estimulante, porque formada de inteligências espirituais que conquistaram a Senda para o presente estágio através do absoluto domínio das circunstâncias, e qual calejados veteranos, impõem reverência e admiração. Neste conceito poderá estar oculta a inerente necessidade, não apenas da existência física, mas da manifestação do Universo.

Não deveríamos abster-nos da experiência, ainda que dura, pois somente a experiência pode-nos ajudar a alcançar a meta esplêndida. *O conhecimento do mundo é tão necessário à humanidade em desenvolvimento quanto o é o entendimento espiritual,* e nós, ao final, alcançaremos ambos. Para a maioria de nós, o crescimento mais rápido ocorre quando labutamos diligentemente no mundo, lutando para resolver os problemas, superar as dificuldades e lidar com as situações do cotidiano com eficiência e motivação elevada. Alguns imaginam o mundo coberto de armadilhas de algum demônio e aconselham-nos a voltar nossos pensamentos constantemente para os Céus; na vivência teosófica encara-se o mundo como o cadinho de Deus em cujo branco calor o caráter é refinado. Outros crêem que o progresso espiritual é impossível em meio à vida mundana e aconselham-nos a afastarmo-nos do mundo; através da vivência teosófica entende-se que as instruções que recebemos na vida cotidiana são absolutamente necessárias aqui e no além, uma vez que, sem o conhecimento detalhado e a ampla experiência que somente a existência física pode nos oferecer, não seremos capazes de desenvolver com sucesso, ou mesmo iniciar, o poderoso trabalho nos reinos invisíveis para o qual estas diversas encarnações nos vêm preparando.

ENFRENTANDO A EXPERIÊNCIA

Há determinadas maneiras de *enfrentar* as experiências que são mais eficientes em seus resultados, pois não apenas elas intensificam a vida em um nível impressionante, conferem riqueza e significação a cada evento e tornam-nos atentos às oportunidades, como também aceleram o nosso desenvolvimento e, acima de tudo, colocam-nos forçosamente sob a atenção de um dos Mestres. Estas atitudes, que deveríamos procurar cultivar à medida que enfrentamos experiências, são as seguintes:

EDUCABILIDADE[8]

Tantas pessoas atravessam a vida queixando-se das dificuldades do seu destino, antecipando problemas que nunca ocorrem, culpando os outros por seus próprios fracassos, irritando-se com pequenas coisas e comentários, criando caso por trivialidades. É alentador encontrar alguém que, criteriosamente, examine cada experiência, agradável ou desagradável, constate suas lições, observe onde ele ou ela errou e silenciosamente delibere não cometer o mesmo erro outra vez. Há tanto egotismo sutil na maioria de nós que raramente nos imaginamos causa de muitos dos nossos problemas. Pratica-

8 No original em inglês: *teachableness.* (N.E.)

mente todos nós estamos convencidos, quando algo desagradável acontece, de que alguém mais deve ser culpado. Mas quando alguma coisa especialmente afortunada ocorre, somos inclinados a creditar-nos – modestamente, é claro – a responsabilidade pelo acontecido. Considerável evolução é evidenciada quando alguém está disposto a reconhecer sua responsabilidade nas falhas.

Todo professor recordará o prazer que sentiu quando um aluno ansiosamente cooperou em aprender as lições que lhe foram designadas, mas se lembra provavelmente com igual nitidez do desalento quando foi necessário impingir a lição a um aluno recalcitrante que, descuidado e indiferente, persistia em desperdiçar o seu tempo. Nesta escola da vida, muitos de nós nos assemelhamos a tais crianças tolas e, sem dúvida, esta é uma das razões pelas quais a Mãe Natureza é obrigada, às vezes, a administrar-nos uma punição, na forma de uma experiência desagradável, com o intuito de nos fazer aprender. Seríamos muito mais felizes se, ao invés de irrefletidamente permitirmos que os dias escoem, procurássemos pelas inestimáveis lições que eles nos fornecem. Nada acontece por acaso; há um propósito, e um excelente propósito, em todas as coisas e acontecimentos. Nosso trabalho é encontrar tal propósito e lucrar com ele; caso não o façamos, a experiência é repetida continuamente, com pequenas variações, até que entendamos.

É comum tornarmo-nos infelizes pelo obstinado apego às nossas propriedades e associações. "O transplante é tão benéfico a nós quanto às plantinhas", diz Annie Besant de forma lapidar. O principal valor das coisas atraentes deste mundo é que elas demandam esforço de nossa parte para conquistá-las, e o esforço desperta o poder da conquista. As posses têm aproximadamente o mesmo valor intrínseco para nós, almas imortais, que livros e cadernos têm para um menino de escola. Uma vez que tenham cumprido o seu propósito, não há razão para não descartá-las. A alma não pode utilizar as posses em seu mundo próprio, onde a consciência é a única realidade e, então, quando as coisas que amealhamos no mundo nos são tomadas, é mais sábio voltarmo-nos, com os olhos brilhantes, para o que quer que a Natureza nos reserve, do que nos queixarmos, nos afligirmos e ficarmos zangados como crianças de quem foram tirados os brinquedos. Ainda que fisicamente possamos perceber apenas pouco da vida mais rica e plena de nossa consciência anímica no mundo celeste, nosso dever é mantermo-nos absolutamente alerta ao significado e propósito de tudo o que acontece, para que a alma, no interior, possa ter uma imagem clara do mundo externo e, no momento oportuno, dominar as complexidades da existência física. Os Mestres rejubilam-se em auxiliar aqueles que desejam ser ensinados.

EFICIÊNCIA

A habilidade de trabalhar sem dispêndio exagerado de energia, desperdício de movimentos ou atrito desnecessário, é um dos grandes objetivos dos nossos dias, e é tão válido ao aspirante à evolução espiritual quanto ao profissional. A eficiência implica concentração, prestar completa atenção a tudo que fazemos; é uma faculdade de grande valia, à medida que estimula um magnífico desenvolvimento mental. Se estamos praticando eficiência, nada deve ser realizado de maneira descuidada ou apressada; tudo com plena atenção, cada ação precedida de raciocínio e norteada pelo julgamento. A eficiência não dá lugar a métodos desleixados ou trabalho desmazelado; tudo que for feito, – seja varrer um cômodo ou gerenciar uma indústria, escrever uma carta ou um livro – deverá ser feito com todo o nosso esforço e toda a nossa habilidade. Devemos também estar receptivos para aproveitarmos as experiências de outros, mantendo-nos, portanto, determinados a ler cuidadosamente o melhor que tenha sido escrito sobre um assunto antes de agir ou julgar sobre ele. Quantos erros e opiniões equivocadas seriam eliminados se esta regra fosse seguida! Aqueles que procuram os Mestres fariam bem em exercitar a eficiência em tudo.

CORAGEM

Aqueles que assumem as rédeas de sua própria evolução necessitam de coragem, visto que o destino responde aos seus apelos ao progresso, e a corrente da vida flui mais rapidamente. Muitas dificuldades serão por nós confrontadas, surgindo como conseqüências de erros e julgamentos errôneos do passado, e, freqüentemente, iremos errar e fracassar, pois somos apenas humanos. Contudo, o fracasso em si mesmo pouco significa, se temos a coragem de prosseguir após cada recuo, extraindo de cada erro sua gota de sabedoria. Precisamos de muita coragem para jogar bem o jogo da vida, com ânimo, à medida que fortalecemos nossas almas, e não devemos nunca temer o futuro, não importando o que ele nos possa trazer.

Quando compreendemos que nosso destino é verdadeiramente autoprovocado e que as conseqüências ou arranjos dos principais eventos que se nos deparam estão a cargo de Inteligências oniscientes, afastamos toda apreensão e avançamos bravamente com nossas cabeças erguidas, sabendo que nada pode atingir o Eu interior. Tudo o que o destino pode fazer é privar-nos de nossas pequenas posses, causar-nos algum sofrimento temporário, ou abater nosso corpo físico. Por tudo isso, *nós* passamos incólumes, e, se tivermos sabedoria, inabalados, porquanto em nós fulge a chama divina.

Nosso destino é tão sabiamente ajustado que nada nos advirá que seja impossível de suportar, *se mantivermos a coragem.* Muitos indivíduos foram abatidos fisicamente e caíram em aparente derrota, apenas para levantarem-se triunfantes e jubilosos do outro lado da morte, por um débito bem pago e uma vitória alcançada. Não importa quão dura seja a batalha, luta, e, acima de tudo, jamais cometas o erro de pensar que o suicídio tornará as coisas mais fáceis e trará o esquecimento. Podemos matar o corpo físico, mas não podemos aniquilar a memória ou o remorso, e aqueles que assassinaram seus corpos quando a coragem lhes faltou, descobriram que a vida é ainda mais difícil do outro lado. Nunca desistas, lute, mesmo contra as maiores adversidades, pois o espírito é indestrutível e imperecível e não conhece a derrota.

FRATERNIDADE

Muitas pessoas, atendendo ao chamado da fraternidade, começaram bravamente a prestar serviços ao seu próximo, mas, deparando-se com a ingratidão, indiferença, incompreensão, tornaram-se desencorajadas, desanimadas e até amargas. Em conseqüência disso deixaram o mundo seguir desamparado, declarando que o trabalho fraterno é um ideal inatingível. Tal experiência é quase inevitável nesse estágio evolutivo, como testemunharão todos os que servem, porque a humanidade é subdesenvolvida de muitas maneiras. Mas esta própria ausência de resposta da parte daqueles que tentamos ajudar não nos mostra mais claramente que o trabalho é necessário? A ingratidão apenas inspiraria esforços mais diligentes de nossa parte, caso nossa atitude fosse correta.

A dificuldade está em que acreditamo-nos totalmente abnegados em nosso desejo de servir; entretanto, um traço de egoísmo insinuou-se, pois inconscientemente ansiamos por elogios, reconhecimento, gratidão e até mesmo aplauso. Não recebendo isso, sentimo-nos feridos e desapontados. Se fôssemos absolutamente altruístas, não buscaríamos agradecimentos, mas trabalharíamos apenas pelo trabalho em si e porque amamos nossos semelhantes.

O amor é a essência da fraternidade e, a menos que sintamos real afeto por aqueles que nos cercam, apesar de suas falhas e fraquezas, nossos esforços por servir não perdurarão. Há frustrações demais. Mas, quando amamos, inspira-nos aquele entusiasmo constante, emocional ou mental, de acordo com nosso temperamento, a que chamamos devoção, e com devoção uma pessoa, mesmo de poucos talentos, poderá ser de grande préstimo para o mundo e ir muito longe em direção aos Mestres. Para tais pessoas nenhum serviço é demasiado pequeno, nenhum trabalho é demasiado árduo. Elas consideram todos ao seu redor como irmãos e irmãs, e isso basta. Não é sem profundo significado que os Mestres preferem ser chamados de "irmãos" acima de quaisquer títulos, e que aqueles que atingiram esta sublime elevação nunca pensam em receber elogios ou reconhecimento, porque seus préstimos à humanidade são perfeitos e, portanto, absolutamente desinteressados. Os Mestres são felizes de uma forma indizível porque nunca pensam em si próprios, apenas na felicidade dos outros. Não deveríamos fazer o mesmo?

Neste maravilhoso mundo-escola, todos aqueles, fortes o bastante para tornarem-se líderes, são testados, como uma máquina importante é testada em um laboratório de engenharia. Caso sejam bem sucedidos nos testes, que são aqueles da vida diária, oportunidades mais amplas se apresentam, senão o candidato a líder é recolocado entre os liderados para mais treinamento. Todos os dias vemos pessoas alçarem-se acima de seus semelhantes apenas para caírem novamente na obscuridade; elas não foram fortes o bastante nem bastante grandes para deterem o poder. Como disse Elbert Hubbard: "O homem capaz de ser um líder de homens nunca lamentará a estupidez de seus auxiliares, a ingratidão da humanidade, ou a indiferença do público. Todos esses fatos fazem parte do grande jogo da vida, e encará-los, e não sucumbir a eles por desencorajamento e derrota, é a prova final do poder".

DISCRIMINAÇÃO

Existe um senso de valores denominado "discriminação" que, quando desenvolvido, possibilita-nos escolher corretamente entre o certo e o errado, verdade e falsidade, o real e o irreal, o importante e o secundário. Ainda que da maior significação, a discriminação não pode ser ensinada por um professor, um livro ou normas; somente a experiência é capaz de despertar esta faculdade divina. Devido à infinita variedade das experiências, sequer duas das opções entre as quais tenhamos de decidir serão sempre exatamente iguais; assim, as regras são inúteis e precisamos confiar em qualquer tipo de julgamento que possuamos.

Nossa capacidade de discriminar indica precisamente nossa posição na Senda evolucionária, e uma discriminação inequívoca é encontrada somente em um Mestre, pois ele já completou a evolução humana. Podemos fazer muito, entretanto, para aperfeiçoar a acuidade de nossas decisões e, assim, despertar a discriminação, procurando, a cada escolha, pender para a fraternidade, a pureza, a solicitude, levando sempre em consideração as necessidades dos outros em lugar dos nossos próprios desejos. A discriminação deveria ser usada especialmente para indicar onde melhor poderemos ser úteis, porquanto muitas pessoas envolvem-se em situações para as quais não estão preparadas e colocam-se em posições que não lhes cabem. Intromissão não constitui serviço.

Esta vida que procuramos seja "suscetível de ensinamento"[9], eficiente, corajosa, fraternal e discriminativa parece-nos muito difícil, a meta muito elevada? Não pareceria assim se sentíssemos o poder e o impulso da alma em nosso interior. Mas para sentir a inspiração daquele Eu espiritual maior devemos apaziguar a mente e as emoções até que nossos corpos sutis estejam tão tranqüilos quanto a superfície espelhada de um lago nas montanhas. Então a luz e a paz da alma inundam a mente e o cérebro e compreendemos a nossa própria divindade.

---

9 No original em inglês: *teachable*. (N.E.)

A alma é uma irrealidade sombria para a maioria das pessoas, porque elas estão incessantemente envolvidas com fatos externos e nunca tentaram sentir aquela presença espiritual, o "hóspede desconhecido", que espera tão silenciosamente logo além do alcance de suas pequenas mentes sempre ativas e úteis até que o convidemos a entrar e assumir o comando, como é colocado em *Aos Pés do Mestre*: "Quando seu corpo deseja algo, pare e pense se *você* realmente o deseja. Pois *você* é Deus, e deseja apenas o que Deus deseja; mas você deve penetrar as profundidades de seu ser para alcançar o Deus em você, e ouvir a voz Dele, que é a *sua* voz".

ALCANÇANDO O MESTRE

Se ansiamos encontrar os Mestres, mas exitamos em tentar fazê-lo em virtude das nossas muitas imperfeições, devemos entender que eles nunca pedem o impossível, mas sempre franqueiam espaço para nossos erros e falhas, pois não se esquecem de que, há muito tempo, eles eram tão vulneráveis quanto nós. Na verdade, eles têm sido chamados Os Mestres de Sabedoria e de Compaixão, e podemos confiar plenamente eles, uma vez que seu grande amor e carinho orientador é divino em poder e esplendor.

Palavras apenas não atraem suas atenções; eles julgam nossa aptidão para atenção especial por nossos feitos e não por nossos apelos, por mais eloqüentes que sejam. Alto nível social não nos ajuda, sangue azul não tem qualquer valor, riqueza e posses não contam, pois os Mestres não julgam pelos padrões do mundo. Nosso avanço depende inteiramente do nosso caráter, nosso autodomínio ao uso dos quais colocamos nossos talentos. Caso tenhamos utilizado nossas faculdades para ganhos egoísticos e prazeres, caso nossos pensamentos estejam desajustados e nossas emoções impuras, obviamente ainda não estamos preparados para o Mestre. Mas se utilizamos nossos talentos em benefício do próximo e fomos, pelo menos em parte, bem-sucedidos no controle de nossos pensamentos e na purificação de nossas emoções, então o Mestre nos identifica nos mundos invisíveis, embora possamos ainda não conhecê-lo. Se formos sinceros, nosso próximo passo será aprender tudo o que for possível sobre a Senda, como a denominamos em Teosofia, e deliberadamente iniciar aquele treinamento da mente, corpo e emoções, tão necessário ao sucesso e nele perseverar.

Por vezes, as pessoas acreditam que podem servir à humanidade apenas abandonando todos os laços familiares, deveres e obrigações de trabalho, devotando-se inteiramente a serviços altruísticos e beneficentes. Se estamos *livres* para realizar tais trabalhos, será certamente motivo para júbilo de nossa parte, mas caso já nos tenhamos engajado em deveres e obrigações, tais responsabilidades vêm em primeiro lugar aos olhos dos Mestres. Faltar às responsabilidades será sempre um erro, e, se fazemos isso para servir, tal serviço não nos leva à Meta Esplêndida. Um Mestre disse estas palavras a alguém que o seguia, como está registrado em *Aos Pés do Mestre:* "Só porque você tenta engajar-se em trabalho mais elevado, você não deve se esquecer dos seus deveres corriqueiros, pois até que eles tenham sido realizados você não estará livre para outros trabalhos. Você não deve comprometer-se com nenhum outro trabalho mundano; mas daqueles com os quais você já se comprometeu, deve desincumbir-se perfeitamente – todos deveres claros e razoáveis que você próprio reconheça, isto é, não deveres imaginários que outros lhe tentem impor".

Todo bom trabalho torna-se serviço quando feito pelo bem do próximo; não importa se tal trabalho é executado em um escritório, em uma escola, em uma fábrica ou no lar; não é o que fazemos que constitui serviço, mas por que o fazemos – para si mesmo ou para o próximo. Desinteresse e abnegação são qualidades inestimáveis na vida superior.

Na exata proporção de nossa habilidade em auxiliar, encorajar e inspirar o próximo será a presteza com que nos aproximaremos da iniciação, e aqueles que forem sábios procederão a um cuidadoso treinamento em alguma formação especial de serviço – ensinar, escrever, proferir palestras, expressar-se artisticamente ou desenvolver alguma forma de habilidade que seja útil – de maneira que possam ir ao encontro do Mestre quando necessitarem de seu auxílio, tendo em mãos alguma dádiva de valor como fizeram os sábios de outrora. Os Mestres não precisam de incenso ou de ouro, mas eles prezam nossas oferendas de serviço à humanidade, pois dedicaram a totalidade de seus imensos poderes ao serviço e, se desejarmos alcançá-los e compartilhar de sua felicidade, devemos seguir suas pegadas e, na qualidade de aprendizes, tentarmos nos tornar como eles. Grande será a nossa ventura se ofertarmos as dádivas de uma mente treinada, de emoções puras e de mãos hábeis no altar do serviço e, se, em meio à labuta diária, trouxermos a força calma, a doce serenidade, a radiante alegria da consagração espiritual.

BIBLIOGRAFIA INDICADA

C.W. Leadbeater; *O Lado Oculto das Coisas,* Ed. Pensamento.
Discute os mundos invisíveis que nos circundam e como eles nos influenciam. Cooper utilizou-se amplamente destas investigações clarividentes, realizadas por C.W. Leadbeater e outros, para seu livro *Teosofia Simplificada.*

C.W. Leadbeater; *Homem Visível e Invisível,* Ed. Pensamento.
Leadbeater descreveu suas impressões clarividentes das auras de diferentes pessoas a um artista, que pintou as ilustrações que aparecem neste livro sob sua orientação.

C.W. Leadbeater; *Os Mestres e a Senda,* Ed. Pensamento.
Uma impressão sobre os Mestres, seus ideais e seus métodos para treinar discípulos.

Annie Besant; *From the Outer Court of the Inner Sanctum,* Theosophical Publishing House.
Uma palestra que contém um inspirado relato da vida espiritual, por uma ex-Presidente da Sociedade Teosófica, que foi uma eminente oradora no estilo de sua época.

Annie Besant; *Karma,* Ed. Pensamento.
Uma descrição de diferentes tipos de *karma* e das maneiras como interagimos com eles.

Annie Besant; *Sete Princípios do Homem,* Ed. Pensamento.
Uma clara discussão sobre as complexidades da constituição humana com seus diversos princípios tais como o corpo físico, as emoções, os dois aspectos da mente, a intuição etc.

John Algeo; *Reencarnation Explored,* Theosophical Publishing House.
Uma visão contemporânea dos prós e contras da reencarnação e o que ela significa em nossas vidas.

H.P. Blavatsky; *A Chave para a Teosofia*, Editora Teosófica.
A primeira mestra da filosofia teosófica e fundadora do movimento teosófico responde a perguntas sobre a vida após a morte, o *karma,* a constituição humana etc.

Robert Ellwod; *Theosophy, A Modern Expression of the Wisdom of the Ages,* Theosophical Publishing House.
Uma visão contemporânea de Teosofia. Compreensível, mas algo profundo.

Shirley Nicholson, *Sabedoria Antiga e Visão Moderna,* Editora Teosófica.
Alguns princípios básicos de Teosofia apresentados por H.P.B. no seu livro básico de filosofia esotérica; *A Doutrina Secreta*, conforme foram corroborados por avanços no pensamento moderno.

ÍNDICE REMISSIVO

Alma, 72-73
Animais, 45
Anjos (Devas), 41
Antigos, Mistérios, 23
Astral, Corpo. Ver Corpo
Emocional, 58
Astral, Mundo. Ver Mundo
Emocional, 37-38; 40; 57
Átomos e Elétrons, 36
Aura, Análise da, 43

Causal, Corpo, 45; 48
Céus, Mundo dos, 63; 67
Ciência, 24-26; 84; 87
Consciência
- despertar, 53
- no mundo emocional, 51-52
Consciência Desperta, 53
Contrastes, 107
Coragem, 112
Cores, nos Corpos Sutis, 46-48
Criação, Alegria na, 94

Definição de Teosofia, 30
Densidades da Matéria, 37; 41
Derivações de Teosofia, 30
Destino, 81
- Deus, 86
- lei, 86
- sorte, 84
Deus
- destino, 82
- justiça, 73-74
- universo, 93
Devas (Anjos), 41
Deveres, 118-119
Discriminação, 115
Dano, do Luto, 60
Duplicação, de Objetos, 38

Educabilidade, 109
Efeitos
- da emoção, 49
- do pensamento, 49
Eficiência, 111
Elétrons e Átomos, 36
Emocional, Corpo, 46
- resposta do, 61
Emocional, Mundo, 37
- consciência no, 53
- população do, 38-39
Éter, 37

Etérico, duplo, 45; 57
Evolução, 98-99; 102

Faculdades Inatas, 89
Felicidade, 93-94
Fraternidade, 113

Gênio, 77
Grandes Religiões, 14

Hereditariedade, 76-77
Hubbard, Elbert, 115

Idade da Alma, 72
Ideais, e Civilização, 104
Iniciação, 102-103
Intervalo entre Vidas, 72
Invisíveis, Mundos, 93-94
Irmãos. Ver Mestres, 103; 115

Justiça Divina, 73-74

Leis
- do mundo emocional, 37-38
- da Natureza, 86
Leis e Destino, 86
Lembranças
- de outras vidas, 77; 86-87
Livre-Arbítrio, 7
Lógica da Reencarnação, 70

Mental
- corpo, 47-48; 63-64
- mundo, 63-64
Mestres, 29, 40; 101; 103-105
- atraindo a atenção dos, 117-119
Morte, 41
Mundos Invisíveis, 33-34

Ondas de Pensamento, 49; 104
Origem da Alma, 72-73

Perfeição, 42; 79; 97; 102
Poder dos Contrastes, 107-108
População
- do mundo emocional, 39
Princípio da Repetição, 25
Providência, 74

Realidade dos Mundos, 35
Reencarnação
- argumentos a favor da, 67
- argumentos contra, 68
- equívocos comuns, 71
- lógica da, 70
Relação entre os Mundos, 40
Religião, e Teosofia, 19-23
Religiões, Diferenças entre as, 21
Renascença, 43
Repetição, Princípio da, 25

Sabedoria Antiga, 14
Serviço, 117-118
Simbolismo, 24
Sociedade Teosófica, 105
Sonhos, 52-53
- de voar, 59
Sono, 51
Sorte, e destino, 84

Teosofia não é Revelação, 31
Teosófico
- Fontes do conhecimento, 19
Trabalho dos Mestres, 103-107

Universo e Deus, 93-95

Vidas, Intervalo entre as, 72